todome taschenbuch

止め技

Fünfundvierzig Jahre nach seinen ersten Besuchen auf dem Söte Länneken besteigt Autor Matt. Müncheberg, geboren 1966 in Berlin-Friedrichshain, erneut den Dampfer, der ihn von Stralsund über Neuendorf und Vitte wieder nach Kloster bringen wird. Er ist neugierig und voller kindlicher Vorfreude: was oder wen wird er wiedererkennen, wird das Bekannte, Vertraute überwiegen, oder das Neue, Fremde? So begibt er sich auf eine Reise, die nach viereinhalb Jahrzehnten eines manchmal verrückten aber im Grunde doch glücklichen Lebens wieder auf die Insel Hiddensee führt, mit der er immer auch die Farben Grau, Grün, Blau und Orange assoziiert, und die für ihn stets die Anwesenheit von schönen, stillen, klugen Menschen bedeutet hatte. Eigentlich, und das merkt er von dem Augenblick an, als er erst die Fähre und dann endlich wieder Insel-Land betritt, hatte er sich dabei, unbewußt erst, dann voller Absicht, auf eine spannende, intensive und sehr persönliche Reise zu ihm selbst, seiner Vergangenheit, seinen Freunden und seiner Familie begeben, die ihn zurück bis ins Jahr 1634 bringen sollte. Welches Fleckchen Erde könnte dazu wohl besser geeignet sein?

Nach einem zu DDR-Zeiten nicht beendeten Pädagogik-Studium in Leipzig studierte Müncheberg nach der sogenannten Wende Jura, Journalismus und Kommunikationsmanagement und arbeitet seit vielen Jahren als Journalist, Autor und PR-Berater. Bisher sind von ihm in der Todome-Edition des Mari-Team-Verlages Berlin erschienen: Roter Regen – Versuch, der Unfähigkeit eine Form zu geben, und Gauguins Hund – Kreuzfahrt nach Hiva Oa, erhältlich im Buchhandel, bei amazon oder direkt beim Verlag: todome@web.de.

Matt. Müncheberg

GEWASCHENES SEELCHEN

Hiddensee.
Eine Erinnerung

Mari-Team

Erste Auflage 2022
todome-edition des Mari Team-Verlages, Berlin, Band 2

Druck: Alfaprint
Printed in Slovakia
Umschlag: Katja Hansen, Hamburg,
unter Verwendung des Gemäldes Hiddensee von Wolfgang
Mattheuer, 1955, galerie-schwind.de
ISBN 978-3-938513-08-8

Für meine Eltern, die mir zeigten, wie man Sanddorn melkt, für meinen Bruder, mit dem ich glücklich auf Insel-Wiesen tollte, für meine Tochter, die als kleines Mädchen in Kloster das erste Mal allein Schrippen kaufen ging (beim Bäcker Kasten), für meinen Sohn, mit dem ich gern bei Wind segeln gehe, für meine Frau, die die Insel-Liebe seit so vielen Jahren mit mir teilt, für meine Freunde, mit denen ich Hiddensee per Postboot, Dampfer und Segelboot viele Male angesteuert habe, und für meine Freunde Thomas und Franzi, mit denen wir, als die Sonne im Meer versank, am Strand von Kloster Tempranillo tranken.

Segel hoch, Motor aus, Ruhe. – Statt eines Vorworts

Im September 2021 verbrachten meine Frau und ich ihre Flitterwoche in Kloster. Am dritten Tag sagte sie: „Lass uns mit dem Fahrrad nach Vitte fahren, am Hafen was trinken.“ Mein Milchkaffee war noch nicht mal zur Hälfte leer, da trieb sie mich plötzlich an. „Komm, wir müssen hier weg, komm.“ Ich dachte, sie hätte einen Ex-Geliebten im Hafengelände gesehen, der mir gefährlich werden könnte. Wir gingen schnellen Schrittes an das Ende der Mole und standen vor einem Segelboot. Meine Liebste hatte eine Bootsfahrt organisiert. Wir würden vier bis fünf Stunden auf See sein. Oh je, vier bis fünf Stunden. Beim Besteigen des Kahns fiel mir ein Pärchen auf, beide mit Sonnenbrille, beide gut gebaut, womöglich trainiert, gebräunt, sinnlos schön. Ich dachte, naja, die beiden schauspielern bestimmt. Als wir losfuhren, setzte sich der Schauspieler sofort zum Skipper. Sie fachsimpelten. Der Schauspieler fragte, ob er beim Fieren helfen dürfe und ob ein Anluven während der Fahrt möglich wäre. Ich dachte, Mensch, geh in deinen letzten Film zurück und labere nicht so viel. Sie saß schweigsam daneben und strahlte, als wäre ihr vergangener Film etwas erfolgreicher gewesen. Die vier bis fünf Stunden neigten sich dem Ende zu. Weil ich irgendeinem Segelmast, wahrscheinlich dem Großbaum, ausweichen musste, saß ich die letzten Minuten direkt neben diesem Paar. Wir begannen zu sprechen, bemerkten Gemeinsamkeiten, die nahezu unerträglich verwandtschaftlich klangen, wir lächelten, und ich begann mich zu schämen, solche Vorurteile beiden gegenüber gehegt zu haben. Wir stiegen vom Boot. Für einen Moment dachte ich: „Scheisse, die sehe ich wohl nie wieder.“ Ich ging wenigstens zu Matt zurück, legte meine Hand kurz auf seine Schulter und verabschiedete mich. Meine Frau und ich holten uns bei Edeka in Vitte zwei oder drei Rotweinbuden, drei und fuhren mit den Rädern nach Kloster zum Strand. Als ein wenig später Matt und Marnie aufkreuzten, war es um uns alle geschehen. Wir tranken den Wein reihum aus der Flasche, ignorierten vor lauter Liebe jegliche möglichen Ansteckungsgefahren, waren beseelt und glücklich, umarmten uns ständig. Es hatte uns alle erwischt. Matt konnte Karate, hatte natürlich einen Segelschein, war jederzeit in der Lage, eine Jolle von einer Zeese zu unterschieden, schrieb für Zeitungen, war Herausgeber, und natürlich war ich am Ende nicht verwundert darüber, dass dieses Scheusal, wie konnte es wohl anders sein, auch noch Bücher schrieb. Dieses hier las ich in einem Zuge durch, erinnerte mich selbst an frühe Kindheitserlebnisse auf der Insel. Was er hier an Geschichts- und Faktenwissen neben seinen persönlichsten Erinnerungen mit der Familie preisgibt, ist enorm. Nach der Lektüre kam ich mir wie der größte Hiddensee-Laie vor. Ich habe viel dazugelernt, auch wenn ich es mir verkneife, demnächst meinen Bootsführerschein zu machen. Denn dafür reicht es bei mir nämlich nicht.

Aber lesen Sie einfach selbst:

Welch schöne Zeit wir hier verleben durften – was für ein Privileg! Unbeschwert, sorgenfrei. Auf kleinstem Raum zwar, und ohne jeden heute selbstverständlichen Komfort, aber: glückselig. Wir waren uns selbst genug, spielten abends, statt Fernsehen zu schauen (gab es dort nicht) oder ins Handy zu starren (gab es noch nicht) gemeinsam Mensch-Ärgere-Dich-Nicht, MauMau und Skat oder erzählten uns Geschichten. Was würde ich nicht alles darum geben, es noch einmal tun zu können: mit meinen Eltern (und meinem Brüderchen) die alten Wege gehen. Im Vorübergehen die reifen Sanddornbeeren auszutschen.

***

Ein Tauchsieder gehörte zur Standard-Ausrüstung, wenn wir uns auf den langen Weg nach Hiddensee machten, auch einen kleinen Heizlüfter erinnere ich, den wir in einer eigenen Tasche mitschleppten. Überhaupt mussten wir fast alles, was wir auf der Insel in unserer Unterkunft benutzen oder essen wollten, aus Berlin mitnehmen. Das war beschwerlich, denn wir mussten den ganzen Kram dann auch noch von der Fähre in Kloster bis nach Grieben schleppen – einen eigenen kleinen Wagen (wie die meisten anderen Hotels und Pensionen) hatte unsere Gastfamilie damals nicht.

***

Wer noch nie auf Hiddensee war, wer vorher nie mit den eigenen Händen Sanddornperlen zu winzigen Saftresten zerdrückt hat, wer nichts weiß von den vielen Schiffs- und Bootsuntergängen aus zurückliegenden Jahrhunderten rund um diesen Landstrich, wer keine Ahnung davon hat, warum man am Tag der Republik in den 70er und 80er Jahren aus den Heimatstädten floh, um Zuflucht auf dieser Insel zu suchen, dem lege ich diese persönlichen Nahaufnahmen wärmstens ans Herz.

Thomas Kunst, Cuba, 1. Dezember '21

Es gibt nicht viele Fotos von Hiddensee, damals, als ich, gerade neunjährig, mit meinen Eltern dort das erste Mal Urlaub machte. Die wenigen erhaltenen sind meinem lieben Vater zu verdanken, dessen Hobby die Fotografie war, und der unermüdlich – natürlich analog, mit einer alten Exa mit Carl-Zeiss-Linsen, Belichtungsmesser und Draht-Selbstauslöser – Dias und Schwarzweiß-Fotos machte (die er dann in der eigenen Dunkelkammer entwickelte). Einige zeigen mich, Lütt Matten, am Hafen von Kloster stehend, dort wo heute die Segelboote an ihren Festmachern zuppeln (einen Yachthafen gab es damals in Kloster noch nicht, nur ein paar hölzerne Jollen lagen auf dem Ufer-Sand). Oder ich stehe vor dem Hafenkontor (heute Strandkiste, ein Andenken-Laden), eine frisch gepflückte Butterblume in der Hand, um jemand mit dem Dampfer Ankommenden zu begrüßen. Ich habe dabei eine rote Jacke an, an die ich mich nicht erinnern kann, wie an so vieles nicht aus dieser Zeit, auf diesem besonderen Fleckchen Erde, von dem Ed in Kruso sagt, er habe gehört, diese Insel läge im Grunde schon außerhalb, exterritorial, eine Insel der Seligen, der Träumer und Traumtänzer, der Gescheiterten und Ausgestoßenen, Andere würden sie das Capri des Nordens nennen, auf Jahrzehnte ausgebucht. Fünfundvierzig Jahre nach seinen ersten Besuchen auf dem Söte Länneken besteigt der Junge mit der roten Jacke in Stralsund erneut den Dampfer, der ihn über Neuendorf und Vitte wieder nach Kloster bringen wird. Er ist neugierig und voller kindlicher Vorfreude: was oder wen wird er wiedererkennen, wird das Bekannte, Vertraute überwiegen, oder das Neue, Fremde? So begibt er sich auf eine Reise, die nach viereinhalb Jahrzehnten eines manchmal verrückten aber im Grunde doch glücklichen Lebens wieder auf die Insel Hiddensee führt, mit der er immer auch die Farben Grau, Grün, Blau und Orange assoziiert, und die für ihn stets die Anwesenheit von schönen, stillen, klugen Menschen bedeutet hatte. Eigentlich, und das merkt er von dem Augenblick an, als er erst die Fähre und dann endlich wieder

Insel-Land betritt, hatte er sich dabei, unbewußt erst, dann voller Absicht, auf eine spannende, intensive und sehr persönliche Reise zu ihm selbst, seiner Vergangenheit, seinen Freunden und seiner Familie begeben, die ihn zurück bis ins Jahr 1634 bringen sollte. Welches Fleckchen Erde könnte dazu wohl besser geeignet sein? Liebes gewaschenes Seelchen ist der verliebteste Ausdruck auf Hiddensee. Ein eigenartiger Hauch – fast möchte man sagen ein seltsamer Zauber – liegt über Hiddensee.

Kummst du to mi,
Kummst du to di.

Inhalt

1
Täterätä.
Von Nationalfeiertagen und Nacktbadern

Die Matrosen kommen, gehen.
Alles lebt vom Wiedersehen.
Ein gegangener Gast sehnt sich zurück.

Durch die Fensterscheibe aber träumt ein Schatten
Derer, die dort einmal
Oder keinmal
Abenteuerliche Freude hatten.

(aus: Hafenkneipe)

Der Nationalfeiertag der Deutschen Demokratischen Republik war der Staatsfeiertag der DDR und wurde am 7. Oktober begangen, das letzte Mal 1989. Der Tag sollte an den 7. Oktober 1949 erinnern. Damals konstituierte sich auf dem Gebiet der Sowjetischen Besatzungszone die DDR. Knapp ein halbes Jahr vorher war die Bundesrepublik Deutschland gegründet worden. Jedes Jahr lief an diesem 7. Oktober auch die Militärparade vor der Partei- und Staatsführung in Ostberlin und Demonstrationen von Angehörigen der sogenannten Kampfgruppen der Arbeiterklasse und Mitgliedern der Freien Deutschen Jugend. Die Militärparade verletzte den Viermächte-Status, trotzdem rollten Panzer zwischen dem Alexanderplatz und dem Strausberger Platz die Karl-Marx-Allee in Ost-Berlin entlang. Mitte der Siebzigerjahre wohnte ich mit meinen Eltern und meinem jüngeren Bruder im Ost-Berliner Stadtteil Friedrichshain in der Straße der Pariser Kommune, ehemals Fruchtstraße, genau an der Ecke zu dieser Karl-Marx-Alle, ein sogenannter Stalin-bau, Block C-Süd, Ostflügel. Die Wohnung erhielten wir durch einen aufwendigen Ringtausch, an dem mehrere Parteien beteiligt waren, das war damals keine Seltenheit. Als Kind wohnte ich gern in diesem sogenannten Stalin-Bau, ich spielte in den großzügig angelegten, von monumentalen Säulen eingefaßten Wandelhallen, es gab große Brief-Kästen in der Wand, einen holzvertäfelten Fahrkorb mit einem Metallgitter und einen geheimnisvollen, großflächigen Dachgarten, auf dem die Frauen Wäsche zum Trocknen aufhingen und unsere gemeinschaftlichen Fernsehantennen standen, die von den SED-Genossen regelmäßig Richtung Osten gedreht wurden. Wenn ich aus dem Fenster meines Kinderzimmers schaute, blickte ich auf einen großen Parkplatz, auf dem nur vereinzelt ein paar Trabis, Wartburgs und wenige Ladas und Skodas standen, manchmal auch ein alter rundlicher Wolga, selten ein Dacia. Heute steht dort ein großes modernes Nullachtfünfzehn-Hochhaus mit Büros, Arztpraxen und einem Callcenter. Schräg gegenüber konnte ich das Café Warschau sehen. Und ich konnte auf die breit angelegte Karl-Marx-Allee schauen, auf der am 7. Oktober die Militär-Paraden liefen. Zu dieser Zeit, also immer Anfang Oktober, gab es in Ostberlin Herbstferien. Meine Eltern verbrachten diese schulfreie Woche mit uns Kindern regelmäßig in Grieben, einem kleinen, verschlafenen Ort im Norden der Insel Hiddensee. Stets wohnten wir bei Familie M., erst in einem der flugs umgewidmeten Ställe und Schuppen mit Außen-Plumpsklo, später auch im Haupthaus direkt neben der Familie. Fritze M. hatte als Inselkutscher viel zu tun, denn damals gab es ja noch keine Autos auf dem kleinen Inselchen, auch keine mit E-Antrieb. Mitte der Siebzigerjahre war ich neun Jahre alt, in der dritten Klasse, und mein kleiner Bruder war drei. Wir freuten uns jedesmal wie Bolle auf diese Ostsee-Tage, die für uns immer nach Abenteuer schmeckten, und die uns ein Leben lang mit der Natur und dem Meer verbinden sollten. Erst viel später wußte ich, daß unsere Eltern mit diesen Insel-Tagen – zumindest auch

– dem organisierten Trubel der SED-Genossen entfliehen wollten. Der Urlaub an der See war gleichzeitig ein stiller politischer Protest, denn statt mitzufeiern, entzogen wir uns Marschmusik, Parolen und Fahnengeschwenke konsequent durch personale Abwesenheit. Wir waren nicht die Einzigen. Im Laufe der Jahre lernte ich auf Hiddensee Menschen kennen, die ähnlich dachten und handelten. Sie machten, wie meine Eltern damals auch, keinen Hehl aus ihren Ansichten. Mit Sicherheit hatte auch die Stasi die Situation erkannt und ihre Mitarbeiter auf die kleine Insel geschickt. Alle wußten das. Aber es scherte niemanden, denn schließlich war es ja nicht verboten, an der Ostsee Urlaub zu machen – wenn man denn dort einen der raren und sehr begehrten Plätze bekam, selbst im Osten nicht. Mißtrauisch waren wir trotzdem. Und so gibt es bis heute ein unsichtbares Band, das alle in der ehemaligen Täterätä aufgewachsenen Menschen verbindet, die zu jener Zeit ganz bewußt in den Oktoberferien ihre Zeit wie wir am Dornbusch verbracht haben und im Enddorn, bei Stralsunder Bier, Nordhäuser Doppelkorn und Brathering sitzend, statt Kampflieder zu trällern und Winkelemente zu schwenken. Wissende Blicke wurden ausgetauscht auf der Insel, abchecken würde man das heute wohl nennen. Sind das Gleichgesinnte? Ein Horch-Und-Guck? (kam man mit der Nachmittags-Fähre an, benötigte man einen Quartiers-Nachweis, denn die Insel galt als Grenzgebiet). Oder handelte es sich um normale Touris, Tagesausflügler, die vormittags unternehmungslustig mit der Fähre herüberkamen und nachmittags angeheitert, satt und müde wieder abdampften? Viele Künstler kamen in dieser Zeit nach Hiddensee. Sie suchten wie wir die Freiheit des Geistes, den Austausch mit Gleichgesinnten, die Stille der Natur und den Rausch, welchen die Weite des Meeres in uns auslöste. Viele von ihnen entzogen sich dem SED-Regime, denn am Tag der Republik wurden regelmäßig auch die Nationalpreise der DDR an Künstler verliehen, allerdings nur an verdiente. So haben meine Eltern, nicht zuletzt aber auch die

Insel Hiddensee, mich geprägt und zu dem Menschen gemacht, der ich heute mit Mitte Fünfzig bin: ein unangepasster Freigeist, ein Naturliebhaber, Nacktbader und Meeres-Fan, der die See schließlich sogar zu seinem Beruf machte. Letztens las ich einen Spruch: Der krumme Baum lebt sein Leben, der gerade Baum wird ein Brett. Was doch für herrlich krumme Bäume diese Insel-Zeit aus uns gemacht hat – nicht perfekt, aber voll prallen Lebens.

***

2
Sanddornzeit.
Von Wilderern und einem Justiz-Irrtum

Da wir heute nur an Stellen, die seicht
Sind, modeln und graben – –
Leuchtturm, deine Arme möchte ich haben
Und umarmen, was in deine Kreise reicht.

(aus: An einen Leuchtturm)

Als mir der Doktor zum erstenmal von einem Sanddornwald auf dem Bessin erzählte, wollte ich seinen Schilderungen wenig Glauben schenken. Ich kannte den Sanddorn nur als aufgeforstete Wildnis von der Westküste der Insel her. Auf dieser Landzunge gedeiht er aber wirklich noch in voller Kraft. Hier wachsen riesenhafte Sträucher mit dem Umfang einer alten Lindenkrone, drei bis vier Meter hoch. Von hoher Leuchtkraft sind bereits die Beeren, die locker, teils gehäuft, orangefarben am Holz sitzen. Hinter dem Sanddornwald liegt das Meer, windstill.
(aus: H. Cibulka, Sanddornzeit, 20. September)

Versuch einer Erinnerung, I: Was haben Haffduurn, Griesbeer, Audorn, Doorn, Fürdorn, Besingstrauch, Fasanbeer, Amritscherl, Tubakröhrlistude und Weisseldern gemeinsam? – Ganz einfach, alle Begriffe bezeichnen dasselbe: den stacheligen, mal grün und mal orange leuchtenden Sanddorn-Strauch. Die Schweizer kennen Sanddorn auch als Korallen- oder Meerbeere. Auf Hiddensee gibt es einen Ort, der nach den bis zu sechs Meter hohen Sanddorn-Sträuchern benannt ist: als Dornbusch wird seit vielen Jahren das Hügelland im Nordteil von Hiddensee bezeichnet. Dort, auf dem Schluckswiekberg, steht auch das

Wahrzeichen der Insel, der Leuchtturm Dornbusch. Schaut man von dem 18 Meter hohen Turm nach Osten, kann man den Alten und den Neuen Bessin sehen, Nasen eines Seepferdchens, die Jahr für Jahr größer werden und immer weiter Richtung Süden und nach Rügen wachsen. Der Name Dornbusch soll von den großen Dornensträuchern herrühren, die einst am oberen Kliff-Rand gestanden haben sollen. Die hätten, vor langer Zeit, Seefahrern als Orientierungspunkte gedient, berichtet die Legende. Später wurde der Begriff dann einfach auf das gesamte Hochland übertragen. Die nordöstlichste Ecke Hiddensees wurde früher Endur und Endendorn genannt. Heute heißt diese Stelle Enddorn. Auch dieser Name verdankt seinen Ursprung den hier seit langem wachsenden Dornstrauch-Gebüschen wie Schwarzer Holunder und Schlehe, vor allem aber dem teils von Brombeeren und Brennnessel-Stauden durchsetzten Sanddorn. Gleich südöstlich davon war unser bevorzugter Familien-Strand, wo wir – wie alle anderen um uns herum auch – nackt badeten, spielten, lasen und sogar kochten, Donnerkeile, Seeigel, Hühnergötter und Kalkschwämme sammelten – und eine unbeschwerte, glückliche Ferien-Kindheit verbrachten. Wenn wir Anfang Oktober bei unseren Gastgebern in Grieben wohnten, wanderten wir fast jeden Tag Richtung Enddorn. Manchmal waren wir dabei bewaffnet mit einem weißen, halbtransparenten Fünfliter-Plastekanister, einem Trichter, einem Küchentuch und widerstandsfähigen, bis fast an die Ellbogen reichenden Gummihandschuhen. Unser Ziel waren dann die sechs bis acht Millimeter langen, ovalen, orangeroten oder gelblichen Früchte, welche die Sanddorn-Sträucher in dieser Zeit trugen. Wir wollten, wie andere Gleichgesinnte auch, Sanddorn melken. Das war zwar damals nicht erlaubt, aber es war auch nicht verboten. Niemand scherte sich darum. Wir wanderten den Weg entlang Richtung Nordosten, vorbei an alten, traditionellen Fischerhäusern. Auch das älteste erhaltene Haus Hiddensees versteckt sich hier, unscheinbar hinter eine Hecke geduckt, erbaut um 1720, sagt man, reetgedeckt, strahlend weiß und mit blau angemalten Fenstern. Später säumten dann rechterhand knorrige Weiden und feuchte, blühende Wiesen den Weg, auf denen Pferde grasten. Linksseitig erstreckten sich bis hoch zum Leuchtturm Wiesen und sanft ansteigende Hügel, auf denen ein Schäfer mit kurzer, geschwungener Tabakpfeife und einem schwarzen, zotteligen Hund sein Vieh weidete. Grieben war neben Glambeck eine der beiden Siedlungen auf der Insel, die es bereits zu slawischer Zeit gegeben hat – noch vor der Ankunft der deutschen Mönche im 13. Jahrhundert. Bereits um 1700 wurde Glambeck aufgegeben und geschliffen. Grieben gibt es heute noch. Im 14. Jahrhundert sollen dort acht Katen gestanden haben. Viel mehr sind es auch heute noch nicht. Die Betonplatten, die wir entlangschritten, waren erst vor kurzem verlegt worden, und hoch im Norden, beim Enddorn, in der Nähe des Swantiberges, wurde fleißig die Mülldeponie aufgefüllt. Eine kleine Rauchsäule stieg von dort auf, und Krähen und Möwen stritten sich um Abfälle, nicht weit von der Stelle entfernt, wo nur ein paar Jahre vorher noch der größte von mehreren Erdöl-Bohrtürmen auf Hiddensee gestanden hat. Gut, dass es in Grieben nicht viel von dem Schwarzen Gold gegeben hat. Zum Glück wird der Hiddenseer Müll seit 1993 auch nicht mehr zum Enddorn gekarrt, sondern von Vitte aus nach Rügen abtransportiert. Die alte Müllkippe wurde längst verfüllt und ist inzwischen bewachsen mit Gräsern und Gebüsch. Doch irgendwann wird der Müll wohl wieder zum Vorschein kommen, wenn die See weiter wie bisher am vorgelagerten Kliff, dem Hinterkopf des langgezogenen Seepferdchens, nagt. Noch vor der Müllkippe bogen wir rechts ab und folgten einem schmalen Pfad. Der war nach Regenfällen oft von großen, sumpfigen Pfützen unterbrochen und führte uns mitten hinein in dichtes Sanddorn-Gestrüpp. Hier hingen sie in fetten Trauben an den Zweigen der weiblichen Sträucher, die Objekte unserer Begierde. Der Sanddorn von Hiddensee, zweigeschlechtlich, notierte der selbsternannte Insel-König Gerhard Hauptmann im September 1923, wolle man Früchte, so müssten zwei Sträucher nebeneinanderstehen, also eine freie Ehe bilden. Hippophae, -phao nannten ihn die Griechen. Er festigte den Strand und verletzte die hindurchgerittenen Pferde. Der botanische Name des Strauches ist heute noch: Hippophae rhamnoides, dorniger Pferdetöter. Wir griffen die fetten Beeren mit unseren gummibehandschuhten Händen, und drückten kräftig zu, bis sie an dem Zweig ausgequetscht waren. Der süß-saure Saft und das dünnbreiige Fruchtfleisch liefen an unseren Handschuhen entlang und tropfte schließlich in den Trichter, über dessen große Öffnung ein grobes Küchentuch gelegt war. Von dort floss der Saft, dünnflüssiger jetzt, in den Kanister, bis er randvoll war. Ab und zu testeten wir das Erntegut auf den Reifegrad, indem wir eine Beere pflückten, und den Inhalt aus der Fruchthaut mit ihren Schuppenhaaren auf unsere Zunge drückten. Was für ein Hochgenuß! Was für ein Abenteuer! Niemand störte unsere Wilderei, wir vergaßen Zeit und Raum in unserem stillen Universum, und abends verwandelte sich unser kleines Gästezimmer in ein Sprit- Labor, eine Drogenküche mit angeschlossener Abfüllstation. Zwei Flaschen wurden direkt pur, das heißt unbehandelt, abgefüllt und kaltgestellt, davon gab es dann hin und wieder ein Schnapsglas voll für uns Kinder. Der Rest des kostbaren Saftes mußte mit viel Doppelkorn haltbar gemacht werden, wie uns damals unsere Eltern glaubhaft versicherten. Diese Marge wurde ebenfalls in Flaschen abgefüllt – und anschließend gut vor uns Kindern versteckt. So oder so war und ist der gewonnene Beerensaft – mit Alkohol in Maßen genossen – sehr gesund. Grund dafür ist – neben Beta-Karotin, Gerbstoffen und dem Vitamin B12 – der ungewöhnlich hohe Vitamin-C-Gehalt, der sogar höher liegen soll als bei Zitronen oder Orangen; Sanddorn-Öle sind zudem reich an mehrfach ungesättigten Fettsäuren. Das hatten damals auch die Täterätä-Funktionäre erkannt: importierte Südfrüchte waren teuer, Devisen knapp, und so entdeckten Agrarwissenschaftler und Biologen der Ost-Berliner Humboldt-Universität den heimischen und überaus genügsamen Sanddorn als praktische und gleichzeitig preiswerte Vitaminquelle fürs Volk. Erstmals wurde die Pflanze in größerem Maßstab in der DDR dann Ende der 1960er Jahre angebaut. Forschungsgelder wurden bereitgestellt, und durch Züchtung und Mutation wurden neue, noch widerstandsfähigere und noch ertragreichere Sorten entwickelt. 1980 wurde die erste Kultur-Sanddorn-Plantage von drei Hektar Größe in Ludwigslust angelegt. Bis 1989, ein Jahr vor der sogenannten Wende, hatte sich die Anbaufläche in den Nordbezirken Ostdeutschlands und im Bezirk Potsdam bereits auf über 150 Hektar ausgedehnt. 2014 lag die – nun gesamtdeutsche – Anbaufläche schon bei 671 Hektar, das entspricht knapp der Größe von 1.000 Fußballfeldern. So kam der Sanddorn im Osten auch zu seinem Spitznamen Zitrone des (DDR-) Nordens. Doch die sommergrüne Sanddorn-Pflanze mit ihren bronzefarbenen bis silbergrauen Zweigen trägt nicht nur gesunde Trauben, sie ist auch hübsch anzuschauen – knorrig und stachelbewehrt auf der einen- und mit den anmutig im Wind sich neigenden frischen Trieben mit den weidenähnlichen, schmalen Blättern auf der anderen Seite. Doch Vorsicht – sollte man mit dem Gedanken spielen, sich Sanddorn in den eigenen Garten zu pflanzen, sollte man bedenken, dass der Strauch schnell ein Wurzelsystem ausbildet, welches meterweit in die Tiefe und nach allen Seiten wachsen kann. Für Biologen ist der ursprünglich aus Nepal stammende Gemeine Sanddorn vor allem deshalb interessant, weil die Pflanze in Symbiose mit Luftstickstoff bindenden Frankia-Bakterien lebt. Aktinorrhiza nennen das die Biologen, was so viel wie Strahlenwurzeln bedeutet, denn Aktino-Bakterien besitzen ein in alle Richtungen ausstrahlendes Myzel. Doch der so gesunde, sympathische Sanddorn hat auch Feinde. Der wichtigste bekannte Schädling beim gewerblichen Anbau ist die Sanddorn-Fruchtfliege, eine Art aus der Familie der Bohrfliegen. Die etwa halbzentimeterlangen rotgelb-schwarz gefärbten Fliegen bohren die unreifen Sanddornfrüchte an und legen ihre Eier darin ab. Nach dem Madenfraß vertrocknen die Früchte dann, die Puppen überwintern im Boden. Sie schlüpfen im Juni, und das Spiel beginnt von Neuem. Viel größere Sorge bereitet den Sanddornbauern – und neuerdings auch den Biologen – aber ein neuer, völlig unbekannter Schad-Erreger, der seit einigen Jahren vor allem Sträucher auf Hiddensee befällt und schon nach kurzer Zeit zum Absterben bringt. Als wir 2020, 45 Jahre nach meinen ersten Familien-Ausflügen, erneut die Insel besuchten, und uns unser Weg wieder Richtung Enddorn führte, trauten wir unseren Augen nicht. Soweit wir blicken konnten, bedeckte abgestorbenes, trockenes, grauschwarzes Gestrüpp den sandigen Boden, dort, wo sonst um diese Zeit der Sanddorn-Wald am Bessin orange strahlte. Als ich die sonst so biegsamen, saftigen Zweige mit meiner Hand entlangfuhr, knackten die mir einfach unter den Fingern weg. Fünf Jahre währe das Sanddorn-Sterben bereits, hörten wir, die Wissenschaft stehe vor einem Rätsel. Inzwischen gibt es ein Forschungsprojekt, welches das Phänomen untersuchen soll. Das Projekt wird von der Landesforschungsanstalt für Landwirtschaft und Fischerei mit Sitz in Gülzow koordiniert. Partner sind das Landwirtschafts-Landesamt in Rostock und das Julius-Kühn-Institut in Dossenheim, das Bundes-Forschungsinstitut für Kulturpflanzen. Dort wird mit hochmodernen Methoden gearbeitet: mittels einer DNA-Sequenzierung wird ein genetischer Fingerabdruck von befallenen Sanddorn-Proben erstellt. So kann alles identifiziert werden, was sich in und auf der Pflanze befindet. Mit den so gewonnenen Daten wird ein Rechner mit einer speziellen Software gefüttert. Der soll die Daten dann ordnen und im besten Falle den Schad-Erreger identifizieren können. Gelungen ist das bisher nicht. Aktuell wird das Sterben des Sanddorns gern mit dem der Weinreben verglichen. Diese beim Wein von Pilzen verursachte sogenannte Esca-Krankheit ist der

Wissenschaft seit langem bekannt. Forscher gehen davon aus, dass sich auf Trieben, Blättern und dem Holz der Reben verschiedene Pilze tummeln, die den Wein in Hitzeperioden austrocknen. Der Klimawandel sei jedoch eine viel zu einfache Erklärung, heißt es. Und, dass es keine einfachen Erklärungen gebe. Ganze Forscher-Karrieren könne es noch dauern, bis die Ursachen des Sanddorn-Sterbens ermittelt werden könnten. Bis die eigentlich als robust und widerstandsfähig geltenden Sanddorn-Pflanzen auf Hiddensee wieder gesunden und wachsen, bleibt vorerst nur die Erinnerung. Statt selbst Sanddorn zu melken, kaufen wir uns in diesem Jahr eine Flasche Sanddorn-Likör in einem der Insel-Läden. Die darin enthaltenen Beeren kommen dann zwar vielleicht aus China, dem größten Sanddorn-Produzenten der Welt, aber dafür haben wir nach langer Zeit wieder den einzigartigen, süß-sauren Geschmack von Abenteuer und Familienglück auf der Zunge.

***

Verkauft wird der wohlschmeckende Beeren-Likör auch in Vechta. Der wird in der dortigen Justizvollzugsanstalt für Frauen hergestellt, in 200 Milliliter-Flaschen abgefüllt und unter dem Namen Justiz-Irrtum vertrieben: *Ein vollmundiger und milder Likör vom Sanddorn. Eine echte Spezialität aus Norddeutschland. In edler hochstieliger ovaler Flasche. Ideal auch zum Verschenken.* Wer will, nimmt gleich noch einen Justiz-Irrtum-Ostfriesischen Sanddorntee oder Justiz-Irrtum-Sanddorn Gelee dazu. Um Selbstabholung wird gebeten. Dafür seien die Produkte von der Umsatzsteuer befreit, heißt es.

***

3
See-krank, auf Lebenszeit. Von Witwenmachern und Versauflöchern

Es schwankt eine kleine Stadt im Sturm
Unterm Befehl vom Kommandoturm. –
Schaumwirbelnde Wellen springen
Um ihre Mauern. – Die See wird wild
Und wieder mild. – Es wechselt das Bild
Immer neu. –

(aus: Segler)

Versuch einer Erinnerung, II: Einmal nur war ich seekrank: auf einem Segelboot vor Hiddensee, Mitte der siebziger Jahre. Sötes Länneken: zwanzig Quadratkilometer klein, 50 Einwohner pro Quadratkilometer – macht eintausend Seelen, die sich die Insel mit einigen Schafen teilten. Ich war noch nicht zehn, und ich kotzte Epes Zeesboot voll. Dabei habe auf dem kurzen Törn von Kloster – oder war es Vitte? – hinüber nach Schaprode nur ein moderater Wind geweht, wie mir viele Jahre später mein Vater versichert hatte. Ein Mädchen war damals mit mir an Bord gewesen, mit langen braunen Haaren, etwas älter, vierzehn vielleicht. Annette. Sie schaute mich mitleidlos an, schwieg, blickte dann angewidert weg. Seitdem: nie wieder seekrank (klopfen auf hölzerne Decksplanken!). Eine heilsame Immunisierung. Der Törn sollte – trotz meiner damaligen Versehrtheit – für mich nicht ohne Folgen bleiben. Eine Krankheit hatte mich befallen: der Segel-Virus. Ich wollte das auch können: die Segel setzen, den Kurs abstecken und die Meere dieser Welt befahren. Ich wollte das auch: ein Seemann sein. Ich suchte mir einen Segelverein, wurde in Friedrichshagen zwischen Baumgarteninsel und Krusenick fündig, machte den Binnenschein und lernte auf einer alten, weichen Ixylon-Jolle aus glasfaserverstärktem Kunststoff mit klapprigem Holzmast Amwind- von raumen Kursen zu unterscheiden. Ein Vereinsmitglied vermachte mir dann seinen gepflegten STERN VON RIO, einen Zwanziger Jollenkreuzer, mit dem befuhren wir ein paar Sommer lang den Müggelsee in Köpenick und den märkischen Scharmützelsee. Das war schon ein paar Jahre nach der sogenannten Wende. Unsere Tochter war vor Bad Saarow mit an Bord, singend, spielend, damals gerade vier, war das ihre Initiation in die Gemeinschaft der Segler. Später tauschten wir den Jollenkreuzer ein gegen WIEBKE, ein in die Jahre gekommenes, aber dichtes Nordisches Folkeboot. Überhaupt war das zurückblickend die schönste Zeit gewesen: Mit unserem alten Holz-Folke segelten wir nach Bornholm, in die Dänische Südsee, rund Rügen. Ohne Elektronik an Bord: kein Plotter, GPS, Lot oder Logge. Ohne elektrische Winschen für die Schoten oder den Anker. Dafür ausgerüstet mit Kompass, Zirkel, Dreiecken, papiernen See-Karten und einem Steiner- Marineglas. Und: immer gab es aus der Tiefe des Boots-Bauches auch ein gut gekühltes Bier auf unserer WIEBKE: Bilgenbier. Wir hatten die WIEBKE in Glücksburg entdeckt, Hanseatische Yachtschule, kurz vor der Jahrtausendwende: Lärche auf Eiche, ein Schlichting-Bau. Den Schulleiter: verglich man mit Napoleon zu seinen besten Zeiten. Er lehrte uns auf dem alten geklinkerten Langkieler *Lehmannschaft. Wenn du weißt, wo du bist, kannst du sein, wo du willst.* Oder fand die hölzerne WIEBKE uns? Wir nahmen sie mit nach Berlin, damals, als sie ausgemustert werden sollte, ausgetauscht wurde gegen einen praktischeren Neubau aus Plastik. Wir fuhren mit dem Schiff direkt durchs Brandenburger Tor; damals, direkt nach der sogenannten Wende, war das noch möglich. Gut verzurrt und mit keck in die Höhe gerecktem Heck stand sie auf dem geliehenen, klapprigen Trailer. Unser alter Daimler hatte Mühe, sie überhaupt vom Fleck zu bekommen. Wir retteten WIEBKE: vor Blaufäule und In-der-Ecke-hinter-dem-Schuppen-Vergessen-Werden. Und sie: rettete uns, die der See Verfallenen. Einen Winter lang reparierten wir das Boot, unermüdlich, trotzig, frierend, fluchend, nass vom Regen und von Schweiß, unter freiem Himmel arbeitend, selbst bei Minusgraden. Wir ersetzten Wrangen, Spanten, Plankenstücke, Teile des Decks, wir schliffen, kalfaterten*, spachtelten, grundierten, lackierten, besorgten einen Stand brauchbarer Segel, schoren neue Schoten ein und Fallen, träumten vom Meer. Und schließlich: segelten wir los. Einer unserer ersten Törns führte uns – mit Flautenschieber und gelegtem Mast – von Köpenick aus durch Berlin und die Oder flußabwärts hoch zum Haff, und von dort, unter Segeln nun, über die Peene, den Greifswalder Bodden und den Strelasund bis nach Hiddensee. Auch unsere Tochter L. Ankerleine war da wieder mit an Bord, nun schon ein paar Jahre älter. Wir machten in Langeort bei Olaf Thürke fest oder in Kloster rechts hinter dem Bollwerk, denn einen Yachthafen gab es damals dort noch nicht. Wir kauften Land* in der Rassower Bucht vor dem Buger Haken, als wir unseren Kurs Richtung Nord zwischen Bug und Hahnentief-Schaar legten, und wir ließen unser stolzes Schiffchen mit dem roten F im Groß frei auf den blauen Ostseewellen tanzen. Wir umrundeten Hiddensee, nahmen an der Rund-Rügen-Wettfahrt teil und genossen unser Segler-Leben mehrere Sommer lang in vollen Zügen, auch deshalb, weil wir zu DDR-Zeiten diese Möglichkeit nicht hatten. Wer damals mit dem eigenen Boot hinaus wollte auf die Ostsee, benötigte eine Sondergenehmigung. Diese PM18 und PM19 genannten Bescheinigungen wurden von den Behörden äußerst selten vergeben, und wenn, dann nur an politisch sehr zuverlässige Bürger. Dazu gehörten wir nicht. Im Hintergrund agierte die Stasi und prüfte jeden Antragsteller gründlich. Glück hatte, wer Kinder an Land lassen konnte, wenn er lossegeln wollte – Garant für eine Rückkehr in die DDR in der Logik des Ost-Regimes. Die Grundlage für diese See-Seglern gegenüber äußerst restriktive Praxis bildete die *Anordnung über die Ordnung in den Grenzgebieten und den Territorialgewässern der Deutschen Demokratischen Republik vom 19. März 1964* sowie deren Ergänzungen und Anpassungen. Fluchtversuche mit dem Boot sollten so verhindert werden. Geholfen hat es dem Ost-Regime nicht. 1975, in dem Jahr, als ich erstmals auf Epes Zeese vor Hiddensee See-Luft schnupperte, flüchtete die Rostocker Familie Gaeth spektakulär auf ihrer Segelyacht TORNADO in den Westen.

***

45 Jahre später besteigen wir erneut eine Zeese, dieses Mal nicht die von Epe, sondern die FZ60 von Eckard F. Zeesen-Ecki fährt mit uns ab Vitte ein paar Stunden hinaus, erst mit achterlichem Wind ein Stück Richtung Osten, dann stecken wir den Kurs Richtung Norden zum Libben ab. Mit halbem Wind passieren wir Alten und Neuen Bessin und den Enddorn, die Nordost-Spitze Hiddensees. Der Leuchtturm auf dem 70 Meter hohen Schluckswiekberg im Dornbusch begleitet uns auf unserem Wasser-Weg. Amtlich wird der weiße Turm als Leuchtfeuer Dornbusch/Hiddensee bezeichnet. Segler wissen, dass sein Halogen-Metalldampflampen-Licht, verstärkt durch große Fresnell-Linsen, 30 Seemeilen weit zu sehen sein kann, und dass er bei Dunkelheit eine knappe Sekunde lang leuchtet, im Abstand von neun Sekunden. Ich erinnere das tief und eindringlich tönende Nebelhorn des Seefeuers, das mich als Kind ein ums andre Mal in den Schlaf begleitet hat, als wir in den Siebzigern bei Schlechtwetter in Grieben wohnten. Der Leuchtturm sei bereits 1927 ganz mit Eisenbeton umkleidet worden, heißt es, da die Risse, die sich vom Fundament bis zur Spitze gebildet hätten, von Jahr zu Jahr größer geworden seien. Mit diesem Korsett könne der Turm nun nicht weiter aufreißen, er könne nur noch als Ganzes umfallen. Ein Seeadler segelt vom rügenschen Bug herüber, dort wo einmal die Lotsenstation Wittower Posthaus

stand, und landet auf der gegenüberliegenden, sich immer mehr ausbreitenden Schwemmland-Seepferdchennase. Wir haben ein Reff ins Groß gebunden, denn wir erwarten bald schon Sturm aus West, sicher ist sicher. 1929 sei seine Zeese als MARIE in Barth gebaut worden, für einen See-Fischer, sagt Ecki, deshalb der große Freibord*. In den fünfziger Jahren sei der Kahn sogar im DEFA-Spielfilm *Tamburi* zu sehen gewesen. Zu DDR-Zeiten sei das Boot dann ohne Masten als Kutter gefahren, ausgerüstet mit einem Steuerhäuschen achtern und einem russischen Traktor-Motor als Antrieb im Schiffsbauch. Von 1990 bis 1996 habe ein Stralsunder Bootsbauer die über Alles 16,50 Meter lange Eichenholz-Ketsch wieder zu neuem Leben erweckt, nun wieder ausgestattet mit der originalen Gaffel-Takelage und zünftigen Segeln aus rotem Tuch. 2002 sei das 12 Tonnen verdrängende Mittelschwert-Boot dann noch einmal komplett überholt worden, und elf Jahre später habe Ecki das Boot dann erworben. Mit seiner SOPHIA THERESA bietet er seitdem Törns an, für Urlauber, Gäste und sogar für asthmakranke Kinder, die, unterstützt von einer Krankenkasse, als Luftpiraten auf dem Boot segeln lernen können; auch Mehrtagestörns seien möglich, sagt der gewiefte Segler. Um das Boot besser einhand bedienen zu können, hat er den sogenannten Witwenmacher* abgebaut, ein Versaufloch* gebe es auf seinem Kahn nun ebenfalls nicht mehr, und auch den Besan-Mast habe er entfernt. Seekrank wurde ich auf diesem Törn nicht. Im Gegenteil – wir genossen jede Sekunde dieses Törns, sogen gierig unsere Lungen voll mit salziger Seeluft und ließen uns von der spätsommerlichen Nachmittagssonne warm bescheinen. Von der See und von der Liebe zu traditionellen Holzbooten infiziert wurde ich bereits vor langer Zeit. Alles hatte damit angefangen, dass ich vor 45 Jahren vor Hiddensee erstmals ein hölzernes Segelboot bestiegen hatte. Epes Zeese. See-Krank, auf Lebenszeit.

***

4
Clara Karl.
Von Strandräubern und Schatzfindern

Wir, in unserm Alter, wollen wissen,
Dass der Weg nun wieder rückwärts führt. –
Glücklich, wer den freien Drang noch spürt,
Das Getrunkene über Bord zu pissen.

(aus: Kopf hoch, mein Freund!)

Versuch einer Erinnerung, III: Im Februar 1989 machte ich mich mit meinem Freund Peer Alexander von M., den alle nur Pippi nannten, von Berlin auf den Weg nach Stralsund. Unser Zug kam vormittags am Hauptbahnhof an, und unsere Fähre nach Hiddensee würde erst in ein paar Stunden ablegen. Genug Zeit, um noch irgendwo einzukehren und ein Bier zu trinken. Wir waren die Vorhut, wollten für unsere Freunde Christian, Haik, Rolli, Uli, Martin, Mone und Silvio, den alle nur Suelze nennen, eine gemeinsame Schatzsuche vorbereiten. Pippi und ich hatten eine echte Schatzkarte angefertigt, auf der einige Wegmarken verzeichnet waren, die – bei korrekter Deutung derselben – direkt zum Versteck führen würden. Ab Kloster würde der Weg über den Leuchtturmweg zum Hochland des Dornbusches führen, wir wollten über Schluckswiek-, Flieder- und Svantiberg über den unteren Dornbuschhang wieder herunter wandern zum Enddorn. Von dort aus wollten wir dann am Strand entlang über Toter Kerl, Signalmasthuk, Tietenufer, Swantevitschlucht, Klausner- und Rennbaumhuk sowie das Tiddenufer weiter bis zur Hucke laufen. Zwischen den wuchtigen, kantigen Steinen der Hucke wollten wir dann den Schatz verstecken, der aus zwei Flaschen Rotkäppchen-Sekt bestand. Wir hatten eine

Unterkunft im evangelischen Gemeindehaus in Kloster organisiert, und Pippi und ich hatten schon unsere Fährtickets ab Stralsund gelöst. Die anderen wollten dann am nächsten Tag mit dem Morgenzug aus Berlin nachkommen und ebenfalls die Nachmittagsfähre zur Insel nehmen. Einen Tag später wollten wir dann gleich nach dem Frühstück gemeinsam zu unserer großen Schatzsuche aufbrechen. Als mein Freund Pippi und ich die Kneipe mit dem richtungsweisenden Namen *Zur Fähre* verließen, und zu unserem Boot aufbrechen wollten, stellten wir mit Erschrecken fest, dass der Dampfer schon ohne uns abgefahren war – das Stralsunder Bier hatte uns zu gut geschmeckt, und so hatten wir in der ältesten Kneipe Europas, die sonst nur Stammkunden vorbehalten war, komplett die Zeit vergessen. Was tun? Wasser-Taxis gab es damals noch nicht, und so beschlossen wir, in Stralsund zu übernachten und am nächsten Tag gemeinsam mit den anderen überzusetzen. Doch zunächst ging es wieder zurück in die Kneipe *Zur Fähre*, unsere Plätze waren glücklicherweise noch frei, und nun hatten wir plötzlich viel Zeit. Schon früher sei das so gewesen, dass diejenigen, welche die Sperrstunde zu Sonnenuntergang verpaßt hatten, und vor verschlossenen Stadttoren standen, hier eingekehrt seien, um die Zeit bis zum Morgengrauen zu überbrücken, hörten wir. Um unseren Schatz noch rechtzeitig verstecken zu können, mußten wir dann eben morgen auf der Insel kurzfristig eine andere Lösung finden. Wir hatten Glück und kamen, leicht beschwipst wie wir waren, dann noch zu später Stunde in einem Gemeinschaftszimmer in der Stralsunder Jugendherberge unter. In dem Zimmer schliefen schon alle, und so weckten wir unsere Mitbewohner kurzerhand auf (das war, rückblickendbetrachtet, unfair) und öffneten unsere mitgebrachte Flasche Korn für alle (das war o.k. von uns). Einer der Zimmergenossen hatte Club Cola dabei, so konnten wir uns einen schönen CoKo, einen Cola-Korn mixen, wir organisierten einen Kassettenrekorder, und wir machten mit Deine blauen Augen, dem Goldenen Reiter,

Skandal im Sperrbezirk und dem Eisbär die Nacht zum Tage, Erbrochenes aus dem Fenster speiend (nicht o.k.) – bis zum Morgengrauen. Was kostete die Welt? Irgendwann am nächsten Tag trafen dann die anderen ein, und gemeinsam bestiegen wir, etwas benommen noch von der langen Nacht, doch bester Stimmung, die Fähre mit dem verheißungsvollen Namen INSEL HIDDENSEE. Die Dampfer haben sich im Laufe der Jahre verändert, sind dicker und länger geworden, auch komfortabler, aber das Prozedere des An- und Ablegens blieb dabei doch immer gleich, wird immer gleichbleiben: Vorleine / Achterleine / Vorspring / Rampe raus / Passagiere raus / Passagiere rein / Rampe rein / Vorspring (manchmal muss eingedampft werden) / Achterleine / Vorleine. Während der Fahrt standen wir frierend draußen auf dem Achterdeck des schmalen Dampfers und schauten hinaus aufs Wasser.

Die Insel, ihr Lieben, hat alles, was ich brauche, immer gesucht habe, bereits wenn sie auftaucht am Horizont, vom Dampfer aus gesehen, ihre schmale zerbrechliche Gestalt, ihr feiner Umriss, im Rücken noch der letzte graue Hahnenkamm des Festlands, Stralsund mit seinen Türmen, das ganze Hinterland mit seinem Dreck, ihr wisst, ihr Lieben, was ich meine, ihr Lieben, die Insel taucht auf und augenblicklich vergesst ihr das alles, denn jetzt liegt sie vor euch, und etwas Neues fängt an, ja, schon da, auf dem Dampfer.
(Der Historiker, in: Kruso von Lutz Seiler)

Als Stralsunds Türme achterausliefen und wir die Gellerhaken-Rinne zwischen Ummanz und dem Gellen entlangtuckerten, bekam einer von uns einen Möwenschiss ab – kein Wunder, denn andere Gäste mit Kindern um uns herum fütterten wie verrückt die kleinen weißen und die größeren, weißbraunen Vögel, die zu mehreren Dutzend über dem Heck unseres Dampfers schwebten und kunstvoll-lässig die ihnen zugeworfenen Bockwurst- und Toastbrotecken-Brocken mit ihren gelben Schnäbeln auffingen. Wer getroffen werde von den Möwen, müsse eine Flasche Sekt ausgeben, kam jemand auf eine glorreiche Idee. Gesagt, getan. Zum Glück hatte die Bordküche genug Rotkäppchen vorrätig, denn nun ging es Schlag auf Schlag. Wir bezogen unser Quartier in Kloster, und noch am Abend versteckten Pippi und ich, die damals überaus klapprige, desolate Klausnertreppe nördlich von Kloster benutzend, den Schatz in einer der Lücken des schwarzen Granits der Hucke-Mauer. Die Schatzsuche am nächsten Tag wurde ein voller Erfolg: wir verbrachten wundervoll-sorgenfreie Stunden, wanderten, hüpften und tanzten übermütig den Dornbusch entlang, spazierten diskutierend, singend, scherzend und fluchend den erst sandigen, dann steinigen Strand entlang und umrundeten, teils barfuß und mit hochgekrempelten Hosenbeinen graulehmige Abrutschstellen der Steilküste umwatend, die Huks, bis wir erschöpft, aber glücklich die Hucke erreichten. Suelze – natürlich er – fand den Schatz in Form der beiden Sektflaschen. Er öffnete diese umgehend, denn Wandern macht bekanntlich durstig. Kurz vorher hatte er noch einen kastaniengroßen Bernstein ganz in der Nähe gefunden, der noch heute gut sichtbar in seinem Häuschen in V. aufbewahrt wird. Noch heute erzählt er gern die Geschichte unserer Schatzsuche auf Hiddensee, in dem Jahr, als die sogenannte Wende in der DDR begann.

***

Nur acht Monate nach unserem Hiddensee-Abenteuer, am 7. Oktober 1989, endete der 40. Jahrestag der Täterätä in Berlin mit Protestdemonstrationen, die gewaltsam von der Stasi aufgelöst wurden. Nochmals einen Monat später, am 9. November 1989, fiel die Berliner Mauer. Am 19. Januar 1990 erblickte Töchterchen L. das Licht der Welt, ein Wende-Kind. Eine Vereinigung der Deutschen werde niemals und von niemandem prinzipiell in Zweifel gezogen, erklärte Michail Sergejewitsch Gorbatschow am 30. Januar 1990. Und am 18. März 1990, einem Sonntag, gewann die Allianz für Deutschland die ersten freien Parlamentswahlen in der DDR. In dieser besonderen Zeit, unbeschwert auf der einen und bis zum Zerreißen gespannt auf der anderen Seite, hatten wir im Februar 1989 bereits eine unscharfe Vorahnung davon, dass etwas passieren würde, passieren musste. Einige unserer Freunde waren bereits in den Westen ausgereist, offiziell per Antrag oder illegal durch Flucht. Und auch einige der Noch-Hiergebliebenen spielten mit dem Gedanken, Ostdeutschland nun endgültig den Rücken zu kehren, mich inbegriffen. Unsere lieben Freunde Uli, Christian und Pippi sind schon vor vielen Jahren aus dem Leben geschieden. Auf Hiddensee, dem letzten Ort der Freiheit innerhalb der engen DDR-Grenzen, einer Enklave ohne Uniformen, Durchhalte-Parolen, Trabbis und Aktueller Kamera, sahen wir uns anläßlich unserer Schatzsuche das letzte Mal gemeinsam in dieser frohen, bunten, friedlichen und der Zukunft zugewandten Runde. Den größten Schatz hatten wir jedoch schon lange vorher gehoben, als wir unsere Freundschaft begründeten, die bis heute hält, und als wir diese ausgelassen auf Hiddensee gefeiert hatten. Wir hatten die deformierte Gesellschaft kurzerhand ersetzt – durch unsere unmittelbare Gemeinschaft.

***

Am 13. November 1872 gerät das amerikanische Schiff CLARA KARL vor Neuendorf in Seenot. Es ist der Tag der größten bekannten Flut im Ostseeraum. Mindestens 270 Menschen verlieren an diesem Tag ihr Leben. Die Hiddenseer retten die Mannschaft. Allerdings wird kolportiert, dass sie dabei auch die Kajüte des Kapitäns aufgebrochen haben sollen. Später – so ist im heutigen Heimatmuseum in Kloster, der ehemaligen Seenotrettungs-Station der Insel, nachzulesen – beklagt der Steuermann den Verlust eines Goldschmucks, den er angeblich für seine Braut gekauft habe – in Indien. Welch ein Zufall: nur einen Tag nach der Strandung der CLARA KARL will die Fischersfrau Striesow ein goldenes Schmuckstück am Strand gefunden haben. Ein Schelm, wer Arges dabei denkt. Die Frau wird festgesetzt, und bei der folgenden Gerichtsverhandlung wird gutachterlich festgestellt, dass es sich bei dem Gold um nicht mehr und nicht weniger als den Teil eines Wikinger-Goldschatzes aus dem zehnten Jahrhundert handelt. Die Stralsundische Zeitung Nummer 69 von Sonnabend, dem 22. März 1873 schreibt dazu:

„Die Sturmflut vom 13. November v. J. hat zu einem interessanten und materiell werthvollen Funde geführt. In einem von der Ueberfluthung betroffenen Garten auf Hiddensee wurde von den Besitzern desselben am folgenden Tage ein glänzendes Stück Metall gefunden, welches sich bei näherer Untersuchung als Gold erwies. Ein glückliches Geschick bewahrte den Gegenstand vor dem gewöhnlichen Schicksal derartiger Funde, dem Schmelztigel, und führte ihn in die Hände eines hiesigen Goldschmiedes… Der Gegenstand, 10 Ducaten schwer, von reinem Golde, ist ein Schmuckstück, zum Tragen vor der Brust oder am Halse bestimmt, worauf ein zur Aufnahme eines Bandes bestimmtes cylinderartiges Oehr hinweist. Die Form des Schmuckes, der in Höhe und Breite 6 ½ Ztm. mißt, stellt sich als eine phantastische Figur dar, welche durch bunte Verschlingungen einer aus strickartig gedrehten Golddräthen bestehenden Schnur gebildet wird und an der sich der Kopf einer Eule erkennen läßt. … Zahlreiche Funde der Art aus Gräbern und Mooren in den Museen in Kopenhagen und Stockholm zeigen ein reich ornamentirtes Mittelstück und zu beiden Seiten desselben zum Aufreihen an einer Schnur kleinere Gold-Bracteaten d. b. Scheiben, mit Oehren versehen, das Ganze sich zu einem prächtigen Halsgeschmeide gestaltend. Wahrscheinlich hat auch der Hiddenseer Fund, vielleicht in gleicher Anordnung als Mittelstück, zu demselben Zwecke gedient, und, da unzweifelhaft der Gegenstand nicht von der Fluth angespült, sondern, von dersel-

ben aus dem Erdboden aufgewühlt ist, so ist es wohl möglich, daß dieser noch weitere zugehörige Theile des Schmuckes birgt. Sich in Vermuthungen ergeben, wie ein altnordischer kostbarer Schmuck seinen Weg in die ferne und einsam gelegene Sandinsel gefunden haben sollte, erscheint überflüssig. Wer aus Saxo und der Knytlingasage* erfahren hat, wie oft Hedinsey in der Geschichte der Dänenzüge genannt wird, wird sich nicht wundern, heute dort Spuren eines Verkehrs zu finden, der sicherlich weit über die Zeit hinausgeht, von welcher uns die Geschichte Kunde giebt".*

Bis 1874 kommen noch weitere Schmuckstücke aus Gold zum Vorschein. Angeblich wurden sie ebenfalls am Strand von Neuendorf gefunden. Festzustehen scheint, dass alle Stücke zusammengehören. Heute ist der auf 75 Millionen Euro versicherte Hiddenseer Goldschmuck Teil der archäologischen Sammlung des Kulturhistorischen Museums in der Hansestadt Stralsund; seit 2015 heißt die Einrichtung Stralsund Museum. Als meine Frau und ich im Sommer 2021, knapp 150 Jahre nach der Strandung der CLARA KARL vor Hiddensee, heiraten, zieren unsere Finger Hochzeits-Ringe mit Motiven eben dieses mehr als tausend Jahre alten, edlen Wikinger-Goldschatzes.

***

5
Himmel und Wasser. Und mitten darin unsere kleine Insel

So ist es uns ergangen.
Vergiß es nicht in beßrer Zeit! –
Aber Vöglein singen und sangen,
Und dein Herz sei endlos weit.

(aus: So ist es uns ergangen, 1933)

Versuch einer Erinnerung, IV: Wenn unsere Eltern Mitte der Siebziger mit uns Kindern ans Wasser gingen, dann war unser Ziel zumeist der feuersteinige, von Schwemmgut und Seetang bedeckte Strand in der Nähe des Enddorns. Hier ließ es sich trefflich herumtollen, wir sammelten tausende Jahre alte geheimnisvolle Fossilien. Ungekrönter Sieger war, wer als erster einen versteinerten Seeigel gefunden hatte. Dieses Finder-Glück hatte meistens meine Mutter. Noch interessanter als die prähistorischen Steine waren für uns Kinder jedoch die in Beton gegossenen und mit fingerdickem Stahl armierten Steine – Bunker und Flakstellungen, die Ende der dreißiger Jahre am Enddorn gebaut worden waren, für die Luftabwehr im Zweiten Weltkrieg. Auch der Anleger am Schwedenhagen gehörte strenggenommen zu den militärischen Bauten auf der Insel, über ihn wurde schließlich der Transport des dafür benötigten Materials abgewickelt. Hanns Cibulka, der die Insel (in den frühen Sechzigern?) noch ganz für sich hatte, schrieb in seiner Sanddornzeit, einem Ost-Klassiker der Hiddensee-Literatur:

Gesprengte Bunkerwände liegen im Gras. Vor mehr als zwanzig Jahren hat sich auf diesen Kuppen abseits der großen Heerstraße eine junge Generation in die Erde eingewühlt. Funkmeßgeräte wurden einzementiert, Schützenlöcher ausgehoben, Splittergräben gezogen, die Stellungen mit riesigen Netzen gegen den Blick von oben her getarnt. Hier fühlte man sich sicher. Die Bunker lagen tief in der Erde, man hatte seine eigene Lichtmaschine, Tag und Nacht wurde die Luft gefiltert. Eine Fünfhundert-Kilo-Bombe aufs Dach, und nicht einmal der Kalk rieselte unten von der Decke. … Schwere Geschütze richteten ihre Rohre hinaus auf das Meer.

Mein Bruder und ich kletterten auf den Betonresten herum, die ganz zu Anfang unserer Inselbesuche noch wie Schwalbennester hoch oben in der sanft sich hebenden Steilküste, ganz in der Nähe des Toten Kerls, klebten. Ganz deutlich waren noch Räume unter den Deckenplatten zu erkennen und, dass oben auf diesen große Metallringe aufgeschraubt waren – die Gründungen der Flak-Batterien. Damals fanden wir das äußerst spannend, niemand, der den Krieg mitgemacht hatte, hatte damals davon erzählt, das machte die Sache noch geheimnisvoller für uns. Auch auf dem Dornbusch, zwischen Enddorn und Leuchtturm, entdeckten wir bei unseren fröhlichen Wanderungen durchs Gestrüpp und über die saftigen Wiesen mehrere dieser stummen Zeugen aus dem Krieg, die sich wie böse Trolle in den Boden duckten, mit einem Haarschopf aus dornigem Gestrüpp und langen Bärten aus Nesseln, Gräsern und Blumen. Es war für uns faszinierend zu sehen, wie der Bunker-Rest am Toten Kerl nur ein Jahr später erst aus dem Steilufer herausgebrochen und dann auf den Strand gekullert sein musste – ein mehrere Meter dickes Monster wie aus einer anderen, fernen Welt. Wieder ein Jahr später stand der Beton-Klotz dann schon einige Meter weit draußen im Wasser, trockenen Fußes nicht mehr zu erreichen. Nach den Nazis nutzte die Nationale Volksarmee der DDR den Norden Hiddensees militärisch. Ab 1963 war die Volksmarine mit einer Küstenbeobachtungs-Flottille vor der Insel präsent.

Bis 1971 wurde dann zwischen dem Klausner und dem Leuchtturm auf dem Dornbusch ein Standort der NVA errichtet – die fünfte Technische Beobachtungskompanie der Grenzbrigade Küste (später Technische Beobachtungskompanie 18) war hier Im Dornbuschwald 1 bis zur sogenannten Wende stationiert, Postfach-Nummer 80298. Unterstellt waren die Soldaten der Grenzbrigade 2 – Stubbenkammer. Was zu ihren Aufgaben gehörte, ist unschwer zu erraten: Insel-Gäste sollten am Versuch gehindert werden, mittels Luftmatratzen, Surfboards, Paddelbooten oder Segeljollen übers Wasser in den Westen abzuhauen. Notfalls war von der Schußwaffe Gebrauch zu machen. Zum Einsatz kamen neben den Offizieren überwiegend sogenannte Dreijährige, also freiwillig länger dienende Soldaten. Bereits auf der Nachmittags-Fähre hinüber zur Insel wurden oft schon die Quartiers-Nachweise verlangt; wer mit der Frühfähre kam, galt als Tages-Touri und damit als unverdächtig. Nicht alle Fluchtversuche konnten die DDR-Grenzer jedoch verhindern: mit aus Isoplatten selbst hergestellten Surfbrettern und Segeln aus Bau-Planen überquerten Karsten Klünder und Dirk Deckert im November 1986 die eiskalte Ostsee und landeten wohlbehalten in Dänemark, zwei von insgesamt 913 Ostdeutschen, die über das Meer sicher in den Westen fliehen konnten. Viele, vermutlich die Hälfte davon, schafften es mit Dänemark als Zwischenstation. Mehr als 4.000 Ostdeutsche kamen erst gar nicht so weit – sie wurden entdeckt und landeten im Gefängnis. Mindestens 164 Erwachsene und Kinder sind bei ihrem Fluchtversuch ertrunken. Der letzte, ein junger ostdeutscher Soldat, ertrank in dem Jahr, in dem die Mauer fiel.

* * *

Dass die dem Festland vorgelagerten Inseln dank ihrer exponierten Lage schon immer dazu prädestiniert waren, für militärische Zwecke genutzt zu werden, verwundert kaum.

Doch der Aufwand, die Eilande mit Geschützen zu bestücken, taugte letztlich nicht dazu, Kriege zu verhindern oder Länder wirkungsvoll zu verteidigen. Erst vor ein paar Jahren entdeckte ich im Nachlaß meines Großvaters Paul M. ein kleines, unscheinbares Schwarzweiß-Foto mit ausgestanztem Büttenrand. Er hat es vom Meer her aufgenommen, mittlerer Wellengang, nur leicht bewölkter Himmel. Im Hintergrund mittig eine Insel. Auf der Rückseite, handschriftlich in Bleistift-Sütterlin notiert: *Himmel und Wasser, und mitten darin unsere kleine Insel. Helgoland 1944.* Auch Helgoland teilte das Schicksal anderer Inseln in Nord- und Ostsee, im Krieg militärisch genutzt zu werden. Ein Fluch, der bis heute auf dem Roten Felsen lastet. Vor und während des ersten Weltkrieges wurde Helgoland zu einer Hochsee-Marinebasis ausgebaut; das Oberland wurde mit schweren Küsten-Batterien bestückt. Nach dem Versailler Vertrag wurden die Befestigungen und Hafenanlagen dann desarmiert, gesprengt oder unbrauchbar gemacht. Doch schon im Mai 1935 wurde auf der Insel – unter dem Decknamen *Aufräumungsarbeiten auf Helgoland* – mit den ersten Wiederbefestigungen begonnen. Ein Jahr später wurden Flak-Batterien errichtet, die 1937 einsatzbereit waren. Die Hohlgänge im Inselbauch wurden ausgebaut, sogar mit dem Bau eines U-Boot-Bunkers wurde begonnen. Auch die Düne wurde bald mit einbezogen. Helgoland sollte zu einem der größten eisfreien Häfen Europas ausgebaut werden – das Projekt *Hummerschere* wurde jedoch schon 1941 wieder aufgegeben. Das aufgeschwemmte Nordost-Gelände und die Nordwestmole sind stumme Zeugen dieses hochtrabenden Plans. Heute stehen dort das Kurhaus und die Jugendherberge. Ungefähr in der Mitte der Insel befand – und befindet sich noch – der Rote Turm, der heute als Leuchtturm dient. Er gilt als einziger deutlich sichtbarer Überrest der militärischen Bauten. Im Untergeschoss des einstigen Haupt- und Flak-Befehlsstandes war die Telefonzentrale untergebracht. Hier saß auch der Unteroffizier der Luftwaffe Paul M., vierzigjährig, im Zivilberuf Personal-Sachbearbeiter, funkte und telefonierte und wartete die sogenannten Würzburg-Riesen, elf Tonnen schwere Radargeräte von Telefunken, die feindliche Flugzeuge orten sollten. Geschlafen hatte er vermutlich nur wenige Meter westlich davon, in einem großen unterirdischen Bunker. Glücklicherweise hatte er die Insel vor dem 18. April 1945 verlassen. An diesem und dem darauffolgenden Tag warfen 981 Flugzeuge der britischen Royal Air Force in zwei Angriffswellen etwa 7.000 Bomben auf Helgoland ab. 285 Menschen kamen ums Leben, darunter zwölf Zivilisten. Die restlichen Bunkeranlagen wurden am 18. April 1947 gesprengt. Die Briten nannten diese Operation Big Bang, die bis dahin größte nicht atomare, von Menschen gewollt erzeugte Explosion. Dabei wurde die vollständige Vernichtung der Insel in Kauf genommen.

***

Die Bunker-Anlagen auf Hiddensee, dem Helgoland der Ostsee, wurden bereits 1945 von der sowjetischen Armee gesprengt; komplett entfernt wurden die Reste erst in den 2000er Jahren. Der Anleger am Schwedenhagen wurde fortan von dem Volkseigenen Betrieb Erdöl-Erdgas Grimmen für die Erdöl-Versuchsbohrungen ausgebaut. Ab 1974 machte hier der Schuber fest, der die Insel mit allem Notwendigen versorgte. 2010 wurde der Anleger schließlich abgerissen. Die Anlage der fünften Technischen Beobachtungskompanie Dornbusch der NVA, hinter einem doppelten Zaun mit einem sogenannten Hundelauf dazwischen, wurde 1993 zurückgebaut. Der dazugehörige Munitionsbunker wurde mit Erde verfüllt und überschüttet, ein Massivbau, ein Flachbau und eine Kfz-Garage wurden abgetragen. Seitdem führt die ehemalige Zufahrtsstraße, der Plattenweg von Kloster, der sich im Wald kurz vor dem Klausner gabelt, nach rechts – ins Leere. Keine Chance für Bunker-Touris und Militaristen. Der Krieg ist aus. Glücklich die Nachgeborenen –

Frieden in Deutschland, seit mehr als einem Dreivierteljahrhundert. Auf Helgoland bietet die Tourist-Info regelmäßig Bunker-Führungen an: zeitlich nicht bei einem Tagesausflug buchbar. Eine vorherige Reservierung ist coronabedingt weder per Telefon noch per E-Mail möglich. Kosten 12,50 Euro pro Person, Dauer ca. 90 Minuten. Kinder unter zehn Jahren dürfen an der Führung leider nicht teilnehmen.

***

6
Genius temporis und Genius loci. Von Karusels und Haus-Booten

Zupf dir ein Wölkchen aus dem Wolkenweiß,
Das durch den sonnigen Himmel schreitet.
Und schmücke den Hut, der dich begleitet,
Mit einem grünen Reis.

Verstecke dich faul in der Fülle der Gräser.
Weil's wohltut, weil's frommt.
Und bist du ein Mundharmonikabläser
Und hast du eine bei dir, dann spiel was dir bekommt.

(aus: Sommerfrische)

Versuch einer Erinnerung V: Die beiden talentierten Brüder machen in Berlin als Architektenkollegen Karriere: Bruno (1880 bis 1938) wird bekannt als Planer großer Wohnsiedlungen, Max (1884 bis 1967) macht sich einen Namen als Architekt der Gewerkschaften. Die Brüder heiraten Schwestern, Töchter des Wirtes der Choriner Klosterschenke, doch nur eine der beiden Ehen hält. Bruno, der 1933 ins Exil geht und 1938 in Istanbul stirbt, ist der Visionäre, der in avantgardistischen und intellektuellen Kreisen verkehrt. Der bodenständigere, weniger mitteilsame Max bleibt in Berlin, wo er sich leidlich über Wasser hält und das gemeinsame Büro weiterführt. Er ist es, der nach 1945 das gemeinsame Erbe antritt, als Professor an der Hochschule für bildende Künste und Architekt des Wiederaufbaus. Zwischen 1922 und 1925 baut Max Taut jedes Jahr ein Haus auf Hiddensee. Das wohl berühmteste ist das für Richard Müller 1922/23 errichtete Sommerhaus in Vitte. Sechs Jahre später, 1928, erwirbt die Stummfilm-Schauspielerin Asta Nielsen den Bau als Wohnhaus. Weil es nahezu rund ist, tauft sie es kurzerhand Karusel. Freund Ringelnatz dichtet: *Fischerhütten, schöne Villen / Grüßen sich vernünftig freundlich. / Steht ein Häuschen in der Mitte, / Rund und rührend zum Verlieben. / Karusel steht angeschrieben / Dieses Häuschen zählt zu Vitte.* Max Tauts Bruder Bruno entwirft das Farbkonzept des Hauses. *Strohgedeckte Fischerhäuser wechseln ab mit übermodernen Architektureinfällen. Die kräftige, einfache Natur ist imstande, alles in sich aufzunehmen und alle Gegensätze in wunderbarer Harmonie zu vereinen,* notiert die Actress 1929 über ihre neue Sommer-Wahlheimat Vitte. Ich besichtige das Haus 1987, gemeinsam mit meinen Kommilitoninnen Saskia, Nancy, Elke und Petra, zweites Semester Pädagogik, Kunsterziehung/Deutsch, Karl-Marx-Uni Leipzig. Da war die ostdeutsche Welt schon lange nicht mehr in Ordnung. Trotzdem – oder gerade deshalb – verbringen wir gemeinsam Ostern auf Hiddensee (kalt war's, regnerisch, windig), zeichnen, dichten, trinken, diskutieren, singen, schaffen uns unsere eigene kleine geistige und territoriale Auszeit. Wir wandern zum Leuchtturm und am Strand entlang – und folgen den Spuren Max Tauts. Gleich in der Nähe des Karusel steht ein weiteres Haus von ihm, das entdecken wir für uns erst viele Jahre später: Haus Weidermann hat die Form eines Bootsrumpfes – der spitze Bug zeigt Richtung Westen aufs offene Meer, das runde Heck Richtung Bodden – und wird 1923 für die Berliner Direktoren-Familie Karl Weidermann gebaut. Mit Maps in der Satelliten-Ansicht lässt sich die Bootsform von oben gut erkennen. Ein Haus als Boot. Ein Haus-Boot. Beide Häuser stehen unweit des Seglerhafens Langeort. Steht man vor den beiden Häusern und schaut Richtung Bodden, kann man die Masten der Segelyachten sehen. Fahrradfahrer radeln auf dem Deichweg zickzack durch sie hindurch. Unzählige Male passierten wir die beiden Biberschwanz-gedeckten Häuser, wenn wir mit WIEBKE, unserem hölzernen Langkieler in den Jahren nach der sogenannten

Wende dort festgemacht hatten, denn: der Weg Zum Seglerhafen führt nicht nur zu den Booten, Richtung Westen stellt er auch die kürzeste Verbindung zum Strand dar – und zu einem urigen Restaurant, der *Buhne XI*. In Kloster stehen noch zwei weitere Bauten des ruhigen, in sich gekehrten, vier Jahre jüngeren der Architekten-Brüder. Ich erinnere mich, wie ich als kleiner Junge mit meinen Eltern an ihnen vorbeigewandert bin: vom Wieseneck den Weg Zum Hochland hinan Richtung Lietzenburg in den Wald, beim Schaukelbaum links abbiegen in den Biologenweg. Fünfundvierzig Jahre später gehe ich diesen Weg erneut, bewußter dieses Mal, erfahrener, erwachsen – doch noch immer neugierig und ungeduldig. Das Haus Pingel, für den Innenarchitekten Walter Pingel 1923/24 erbaut (in den sechziger Jahren baulich erheblich verändert), habe vor dem Umbau stark an die Form eines Pilzes erinnert, so sei es zu dem Spitznamen Pingel-Pilz gekommen. Heute dient es der Familie Wilbrandt als Wohnhaus. Gleich daneben steht das vierte Taut-Sommerhaus. Der Architekt errichtet es 1925 für den Berliner Verleger Max Gehlen. Seit 1930 gehört das Doktorandenhaus, wie der Pingel-Pilz ebenfalls am Biologenweg in Kloster gelegen, zu der Biologischen Forschungsstation der Ernst-Moritz-Arndt-Universität Greifswald. 1926, und damit etwa zeitgleich mit dem Bau dieser besonderen Häuser, bezeichnet der Architekt und Mitbegründer des Deutschen Werkbundes, Fritz Schumacher, den Geist jeder architektonischen Schöpfung als Genius temporis und Genius loci, meint: als Abbild der besonderen Qualitäten des Ortes und zugleich der zeitgenössischen kulturellen Strömungen. Die Hiddensee-Häuser von Max Taut sind insofern das Gegenteil einer abstrakten, weißen, beziehungslosen Moderne, die ohne eine Verankerung mit dem Ort entsteht. Die Häuser Tauts können sogar als überaus beziehungs-haft, sich auf die kleine Insel beziehend und mit dieser kommunizierend, bezeichnet werden. Fast könnte man von einem inseltypischen Regionalismus sprechen: der Funktionalismus eines Max Taut erhalte im Kontext der

Fischerkaten in Grieben oder Neuendorf charmante Ausformungen, heißt es. Seine Künstlerhäuser auf Hiddensee zeigten, wie die sonst im städtischen Umfeld tätigen Architekten beeinflußt worden seien: durch die Farben und das besondere Licht der Insel, die lokale Bautradition und die grandiose, rauh-karge Landschaft. Selbst in der Materialität der Häuser drücke sich die Insel aus. Tauts Sommerhäuser sind im besten Sinne unkonventionell, da sind sich die Kenner einig: die Architektur hebe sich einerseits von der inseltypischen Bauweise ab, andererseits füge sie sich harmonisch in die Landschaft ein. Den wechselvollen Geschichten der Häuser und ihren teilweise jüdischen Bauherren sowie der Nutzung und sozialen Prägung der Bauten sind Ausstellungs-Plakate gewidmet, die im Inselmuseum in Kloster zu besichtigen sind. Sie seien bewußt auf die nachweisbaren Daten reduziert worden, um erste sichere Anhaltspunkte für weitere Forschungen zu liefern, heißt es.

***

Meine ehemaligen Kommilitoninnen Saskia, Nancy, Elke und Petra habe ich seit unserem gemeinsamen Hiddensee-Ausflug 1987 nicht wiedergesehen. Seit kurzem bin ich mit Petra auf einem der sogenannten Social Media-Kanäle verbandelt. Sie ist, wie ich, kein Lehrer geworden, arbeitet als Fotografin. Ich hatte es damals nur zwei Semester lang ausgehalten in Leipzig, war dann auf eigenen Wunsch aus „Desinteresse“ (so die offizielle Uni- Begründung) exmatrikuliert worden. Auch die Inaussichtstellung eines Forschungs-Studienplatzes (große Ehre! Promotion!) konnte mich am Ende nicht davon abhalten, andere Pfade als die des Bitterfelder Weges und des Sozialistischen Realismus* zu gehen. Wer weiß, vielleicht gibt es irgendwann eine Reunion mit den Mädels auf der Insel? Ich wär dabei.

***

7
Schmelztiegel. Von Betriebsferienheimen und Malereinsätzen

Manchmal gleichen auf See die Zeiten
Dachzimmerchen ohne Wand.
Wenn Schiffe verschollen geblieben,
Untergegangen sind,
Fragt niemand mehr: Welcher Wunsch, welcher Wind
Hat das Schiff in die Ferne getrieben?

(aus: Seefahrt)

Werter Genosse Mittag! In der Zeit vom 12.-14.9.1973 erfolgte eine Reise des Generaldirektors des Metallurgiehandels, Genossen Süptitzt, …, um mit dem stellvertretenden Minister für Schwarzmetallurgie der UdSSR, Genossen Woronow, und den Vorsitzenden von Promysyrio-Import und Sojusglawmetall über die Aufholung der Rückstände bei der Lieferung metallurgischer Erzeugnisse, vor allem von Warmband und Radscheiben, zu beraten. Zum Zeitsoll per 9.9.1973 betrug der Lieferrückstand aus der UdSSR 75,8 kt, davon 42,4 kt aus dem Reexport von Bulgarien. Bei Sortimenten sind die Rückstände bedeutend höher. … Die sowjetischen Genossen brachten zum Ausdruck, dass es gegenwärtig große Schwierigkeiten, vor allem im Werk Karaganda, bei der Produktion von Warmband gibt. … Um die Versorgung der Volkswirtschaft der DDR zu gewährleisten, wurden vom Ministerium für Erzbergbau, Metallurgie und Kali im Juli 1973 für 18 kt und während der Leipziger Herbstmesse für 20 kt Warmband Verträge mit dem NSW als Vorkauf für 1974 abgeschlossen (aus einer Hausmitteilung der SED, Abteilung Maschinenbau und Metallurgie, vom 19.9.1973, Fund-Stück in den Ruinen des ehemaligen BMHW).*

Versuch einer Erinnerung, VI: Als ich vor einiger Zeit in Schulzendorf bei Eichwalde meine Frau Marnie kennen- und lieben lernte, erzählte sie von ihren Familien-Urlauben auf Hiddensee. Zusammen mit ihren Eltern und ihren Brüdern hatte sie als kleines Kind mehrere Jahre lang in den frühen Achtzigern die Insel besucht. Stets hatte die Familie im Klausner gewohnt, erst war sie in einem der Holzhäuschen direkt am Meer untergekommen (dort, wo einige Jahre später eine Zeitlang Jörg Kachelmann, ja genau – der TV-Wetter-Mann, wohnte), später dann logierten sie auch im Haupthaus. Möglich waren die Aufenthalte, weil Marnies Vater Peter beim Volkseigenen Betrieb Berliner Metallhütten- und Halbzeugwerke (BMHW) angestellt war, nicht als Metaller, sondern als Maler. Peter malerte die Wände und die Decken der Werksteile I und II im Treptower Ortsteil Niederschöneweide, und er lackierte die Heizungsrohre im Werksteil III in Oberschöneweide, Köpenick, von den Angestellten liebevoll Ober-Schweineöde genannt. Er war einer von 2.300 Arbeitern, die beim VEB BMHW angestellt waren, mehrheitlich im Dreischichtbetrieb, um den Dauerbetrieb und die optimale Auslastung der Hoch- und Schmelzöfen zu gewährleisten. Die Belastung der städtischen Umwelt durch die Abgase der Schmelzöfen und durch Einleitung von verunreinigtem Kühlwasser in die Spree sei sehr hoch gewesen, heißt es. Der Berliner Industriebetrieb wurde 1951 gegründet. Vorausgegangen war die Verstaatlichung des VEB Hüttenwerk 1949. Davor hieß das Werk Hüttenwerke Kayser AG, und am Anfang stand hier das Allgemeine Deutsche Metallwerk Oberschöneweide, kurz ADMOS genannt. 1970 wurde das BMHW in den VEB Mansfeld Kombinat Wilhelm Pieck, Eisleben eingefügt und dem Ministerium für Schwerindustrie der DDR direkt unterstellt. Gefeiert wurde in dem Anfang der Fünfziger errichteten eigenen Kulturhaus Ernst Schneller in der Fließstraße. Anlässe waren der Tag des Metallurgen, Brigade-Feiern oder die Verleihung der DDR-Auszeichnung Aktivist der sozialistischen Arbeit. Auch sportliche Aktivitäten gab es: so war die Betriebssportgemeinschaft BSG Stahl Schöneweide unter anderem in den Sportarten Fußball und Boxen aktiv. Mit dem Schmelztiegel gab der VEB BMHW sogar eine eigene Betriebszeitung heraus, es gab einen eigenen Betriebs-Kindergarten, ein Betriebs-Ferienlager auf dem Eichhof bei Lychen – und es gab das Betriebs-Ferienheim Zum Klausner auf der Insel Hiddensee. Der in die Jahre gekommene Klausner bedurfte dringender Überholung, und so kam Maler-Peter des öfteren auf die Insel. Später durfte er dann auch seine ganze Familie dorthin mitnehmen, ohne dass Papa arbeiten musste. Gern erinnert sich meine Frau heute an diese sorglosen Kindheits-Tage auf der Insel zurück. Da waren sie noch eine Familie gewesen, hatten gemeinsam eine harmonische Einheit gebildet. Das Leben war schön. Vielleicht verbringt sie deshalb seit einigen Jahren wieder jedes Jahr zwei Wochen Urlaub auf ihrer geliebten Insel – zusammen mit ihrer Mama. Jedes Mal reservieren die Beiden schon bei der Abreise den Termin fürs nächste Jahr, sicher ist sicher, die Nachfrage ist noch immer – oder neuerdings wieder – groß, auch wenn inzwischen viele neue Hotels, Pensionen und Privat-Unterkünfte ihre Pforten für zahlende Gäste geöffnet haben.

***

Die Produktion des BMHW wurde gleich nach der deutschen Wiedervereinigung 1990 eingestellt. Der überwiegende Teil des ehemaligen Werksgeländes blieb danach lange ungenutzt. Der Fotograf André Winternitz dokumentierte 2017/18 die leerstehenden Gebäude mit seiner Kamera. Es entstanden an rührende Bilder voller Herzschmerz-Tristesse, anzuschauen auf rottenplaces.de. Nur ein Betriebsteil hat die sogenannte Wende überlebt: er wird wird als ADMOS Gleitlager GmbH in der Wilhelminenhofstraße weitergeführt. Auf dem Areal an der Schnellerstraße, wo bis 2012 noch das einstige stolze, aus Back stein errichtete Verwaltungsgebäude stand, wurden inzwischen ein Möbelhaus und ein großes Sportartikel-Geschäft errichtet. Aus der 8. Betriebssportgemeinschaft Boxen ging 1990 der Verein Stahl Schöneweide e.V. hervor. Auch die Abteilung Volleyball überstand die sogenannte Wendezeit, als Freizeitsport-Verein. Die anderen Betriebssportgemeinschaften lösten sich in der Wendezeit auf.

***

Der Klausner, 1888 von Alexander Ettenburg, genannt der Einsiedler, als Bergwaldschenke Eremitage auf Tannhausen eröffnet, wurde nach dem Ende der DDR von der Treuhand übernommen. 1991 kaufte Ramona S. das Etablissement. Vor mehr als dreißig Jahren war sie schon mal hier. Damals stand Lutz Seiler am Abwasch. Seiler ging, schrieb über seine Zeit im Klausner den Roman Kruso, der 2014 den Deutschen Buchpreis gewann. Die UFA Fiction machte sogar einen Film daraus (der seltsamerweise aber nicht auf Hiddensee gedreht wurde, sondern in Litauen, in Klaipėda und auf der Kurischen Nehrung, was viele Hiddensee-Fans enttäuschte). Ramona S. blieb und führt Restaurant und Pension seitdem als Familienbetrieb.

***

8
Der Hiddensee-Ring.
Singen und Pfeifen im Walde

Kühe weiden bis zum Rande
Großer Tümpel, wo im Röhricht
Kiebitz ostert. – Nackt im Sande
Purzeln Menschen selig töricht.

(aus: Insel Hiddensee)

Die Vogelzüge über Hiddensee sind immer wieder ein grandioses Erlebnis. Die Insel ist zu einem Durchzugsland geworden. Erde, Meer und Himmel sind belebt. Wildenten, vom kalten Hauch der Nacht gestählt, ziehen über den Bodden; die graue waldbewohnende Ringeltaube gurrt in den Kronen der Kiefern; wo das Wasser stockt, sammeln sich Enten und Taucher. In mehrfach hintereinander gestaffelten Keilen fliegen die Ringelgänse dem Süden entgegen. Bunte schwirrende Geschwader, der ganze Himmel ist ein einziger Flügelschlag. Ende Oktober aber tönt über der Insel das trompetende „Ank hö". Die Singschwäne ziehen.
(aus: H. Cibulka, Sanddornzeit, 26. September)

Versuch einer Erinnerung, VII: Meine Eltern besaßen ein kleines Grundstück südöstlich Berlins, in Schulzendorf bei Eichwalde, das lag schon in Brandenburg, denn die Hauptstadt reichte nur bis Grünau. Darauf ein Sommerhäuschen, verputzt und weiß gestrichen, gedeckt mit Dachpappe. Zimmer mit Klappbett, Couch, Stuhl, Tisch, Kleiderschrank, Musikschrank und Schwarzweiß-TV, die Küche mit Kochecke, Doppelstockbett für die Kinder, einem Ofen. Das Geschäft wurde hinterm Haus in einem eigens dafür errichteten Klohäuschen erledigt. Die

Sommerferien und fast alle freien Wochenenden in der Saison verbrachten wir auf diesem von Birken eingerahmten kleinen Gartengrundstück. Es gab Apfel- und Birnbäume, Quitten und Stachelbeeren. Ich kampelte mit meinem kleinen Bruder auf der Wiese, wir spielten Indianer & Cowboy (ich war der Indianer), mit meinem Freund Felix übte ich auf einer ausgebreiteten Decke Judorollen, Durchreißer und Festhalten am Boden. Felix und ich zelteten schwarz im Wald von Schmöckwitz, in Eichwalde dann die erste Freundin, Mutproben mit Feuerzeugbenzin-in-eine-Flamme-spucken. Erste Fahrversuche auf meinem Ess-Einundfuffzich-Beezweivier-billardgrün auf der Wiese vorm Haus. Das Moped von Simson aus Suhl schenkten mir meine Eltern zur Jugendweihe. Eines Tages, Mitte der Siebziger, ich war neun, saß ich am Tisch im Sommerhäuschen. Draußen schien die Sonne, es wehte ein leichter, warmer Sommerwind. Die Eingangstüre stand weit offen, auch die Fenster waren aufgeklappt, und die Gardinen wogten träge hin und her. Ein Mann betrat den Raum: ob meine Eltern da wären, wollte er wissen, er wolle etwas mit meinem Vater besprechen. Der Mann war Sommersonnen-gebräunt, Siebentagebart (damals hätte ich wohl gesagt: er hatte Bartstoppeln), helle Leinenhose, legeres Oberhemd (die oberen Knöpfe offen), elegante Uhr, Leder-Sandalen. Die Hände in den Hosentaschen, lehnte er lässig am Türrahmen. Er heiße Manfred W., sagte er, ich könne ihn *Freddy* nennen, seine Eltern seien die Grundstücksnachbarn, zur Rückseite unseres Gartens hin. Ich sagte ihm, dass meine Eltern gerade nicht da seien, dass ich sie aber jeden Augenblick wieder zurückerwarten würde. In Ordnung, dann warten wir gemeinsam auf sie, ob ich einverstanden sei, schlug Herr W., den ich Freddy nennen sollte, vor. Was ich einmal werden wolle, fragte er mich. An meine Antwort erinnere ich mich nicht. Was ich jedoch erinnere, ist seine Antwort auf meine Gegenfrage, welchen Beruf er ausübe: er sei Anwalt, sagte Herr W., und fügte, jede Silbe betonend, hinzu: Rechts-an-walt. Mein Vater war Lehrer, meine

Mutter in einem Verlag beschäftigt, Tante und Opa buchhalterisch tätig, damit konnte ich etwas anfangen, aber ein Anwalt war mir noch nicht untergekommen. Ob der Beruf Spaß mache, und ob er viel zu tun habe, fragte ich neugierig. Herr W. überlegte einen Augenblick. Er möge seinen Beruf, weil er für sich festlegen könne, WIEVIEL, WIE LANGE und WANN er arbeiten müsse – und WANN und WIE LANGE er freihabe. Das schien dem legeren Herrn W. besonders wichtig zu sein, so viel wie möglich frei zu haben. Denn, und seine Augen begannen zu glänzen, sein Hobby sei die Ornithologie, er betonte: *Or-ni-tho-lo-gie.* Das sei griechisch und bedeute Vogel-Lehre – oder besser: Vogelkunde. So oft es gehe, fahre er hoch zur Ostsee, nach Hiddensee, und beobachte dort mit einem Feldstecher Vögel. Auch mit der Vogelwarte auf der Insel arbeite er zusammen, den Mitarbeitern dort würde er seine Beobachtungs-Ergebnisse regelmäßig übermitteln. Ich war beeindruckt. So entspannt, gebräunt und gut angezogen war man also, wenn man Rechts-an-walt war, dachte ich. Und man hatte viel Zeit. Zeit, die man dazu nutzen konnte, um Vögel auf Hiddensee zu beobachten. Das wollte ich auch sein – Anwalt (fast hätte das, fünfundzwanzig Jahre später, im wiedervereinten Deutschland, dann auch geklappt, wenn ich nicht kurz vor meinem Jura-Examen die Möglichkeit erhalten hätte, bei einer großen Berliner Tageszeitung an der Kochstraße in Kreuzberg als freier Journalist anzuheuern). Und ich wollte unbedingt auch das Wort mit dem „O" werden, Orni… - Vogelkundler eben. Ich löcherte meine Eltern, bei unserem nächsten Hiddensee-Urlaub die Vogelwarte zu besuchen. Dieser Wunsch wurde mir erfüllt – allerdings konnte ich das Gebäude nur von außen besichtigen – keiner da. Damals fand ich das Haus in Kloster langweilig, ein einfaches graues Haus, vier Etagen, ein Giebel oben rechts, rote Dachsteine, bröckelnder Putz, links davor Kiefern, über der Außen-Treppe ein ovales Emaille-Schild mit einer Ente (oder war es eine Gans?) – nichts Aufregendes jedenfalls für Kinderaugen. Vielleicht waren die Ornithologen selbst gerade ausgeflogen, dachte ich, waren auf dem Bessin unterwegs mit ihren Ferngläsern, ihren Umhängetaschen mit Schreibzeug, einem Butterbrot und einer Thermoskanne mit Kaffee, und würden just in dem Augenblick einen Seeadler dabei beobachten, wie er, pfeilschnell ins Seewasser des Libben stürzend, seine Krallen in den Rücken eines prächtigen Fisches stieß, und mit seiner Beute, kräftig mit seinen meterbreiten Schwingen schlagend, dann wieder an Höhe gewann, um kurze Zeit später im Wald des gegenüberliegenden Rügenschen Bugs damit zu verschwinden…

***

Bereits 1951 war die Vogelbeobachtungs-Station vom Süden der Insel umgezogen ins *Haus am Meer* in Kloster. Hier entwickelte sich das Institut zur einzigen rein ornithologisch ausgerichteten Forschungseinrichtung der DDR. Sie war damit auch die einzige Vogelwarte der DDR und gleichzeitig deren nationale Beringungszentrale, welche eigene Vogelringe ausgab. Später wurde die Forschungsanstalt auf Hiddensee dann eine selbständige Einrichtung der Sektion Biologie der Universität Greifswald. Begonnen hatten die Vogelwärter ihre Arbeit auf der Insel Hiddensee bereits 1936 – als Biologische Forschungsanstalt Hiddensee. Zu den wichtigsten Aufgaben gehörten neben der aktiven Vogelbeobachtung auch Seminare mit Vorträgen und Ortsbesichtigungen. Dann kam der Krieg, die Forschungsarbeit ruhte – bis 1940. Seit 1948 bestand eine Vereinbarung der Vogelkundler von Hiddensee mit der Vogelwarte Helgoland über die Vogelberingung in Mecklenburg. Nach der sogenannten Wende verließen immer mehr Mitarbeiter die Beringungszentrale. 1992 wurde die Vogelwarte Hiddensee als selbständige Einrichtung schließlich aufgelöst und in das neu gegründete Institut für Ökologie eingegliedert. Seit 1994 wird die Arbeit der Ornithologen auf der Insel durch ein Verwaltungsabkommen zwischen den fünf neuen Bundesländern fortgeführt – als sogenannte *Mehrländer-Einrichtung Beringungszentrale Hiddensee,* unter dem Dach des Landesamtes für Umwelt, Naturschutz und Geologie von Meck-Pomm. Heute gehört die Vogelwarte Hiddensee zur Uni Greifswald und wird vom Institut für Zoologie in der Soldmannstraße 23 betrieben. Im Auftrag der Beringungszentrale Hiddensee kennzeichnet die Station jährlich mehrere tausend Vögel. Die neuen Leiter der Station sind allerdings seit vielen Jahren nicht mehr ständig vor Ort.

***

Spurensuche: 2021 entdecke ich eher zufällig bei der Recherche zu dem Hiddensee-Büchlein einen Zeitungsartikel in den Potsdamer Neuesten Nachrichten. Darin schreibt Christian Booß am 20.2.2012, dass es in der DDR nur sehr wenige Anwälte gegeben habe, in den drei Bezirken, die später Brandenburg bildeten, seien es nur 80 bis 90 gewesen, doch vor allem in den letzten Tagen der DDR hätten sich viele Juristen im DDR-Justizministerium schnell noch eine Zulassung abgeholt. Zuständig seien dort alte Kader gewesen, die zuvor dafür gesorgt hätten, dass nur Anwälte praktizierten konnten, die der SED und der Stasi genehm gewesen seien. An ihrer Spitze habe in der de-Maizière-Regierung ein neuer Minister gestanden: Manfred Walther, CDU, ein vormaliger Anwalt aus dem Bezirk Cottbus, nach 1990 Landtagsabgeordneter in Potsdam. Doch laut Stasiakten, so Booß in dem Artikel weiter, sei Walther von 1980 bis 82/83 selbst als *IM Freddy* für die Spionageabteilung des Ministeriums für Staatssicherheit registriert gewesen, das sei erst jetzt im Zuge der Enquetekommission des Landtages bekannt geworden. Ein Trio, zu dem auch Walther gehört habe, soll, so Booß, noch in der Nacht vom 2. auf den 3. Oktober 1990 Dutzende Anwälte zugelassen haben; allein in Brandenburg habe es zum Zeitpunkt der Vereinigung bereits 327 Anwälte gegeben.

Der legere Herr Rechts-An-Walt-W., der Hobby-Ornithologe und Hiddensee-Fan, der uns in den Siebzigern auf unserem kleinen Sommergrundstück in Schulzendorf besucht hatte, und den ich Freddy nennen sollte, war ab 30. Mai 1990 Staatssekretär im Ministerium für Justiz in der Regierung de Maizière, vom 16. August bis 3. Oktober 1990 sogar kommissarischer Minister der Justiz. Danach saß er von 1990 bis 1994, gewählt über die Landesliste, im Landtag von Brandenburg, wo er stellvertretender Fraktionsvorsitzender war. Nach der Wende ließ er sich als Partner einer Krefelder Anwaltssozietät als Rechtsanwalt und Notar in Berlin nieder. Am 12.2.2013 legte Manfred Walther sein politisches Mandat nieder, aus Altersgründen. Der letzte DDR – Justizminister saß für die Fraktion CDU/FDP im Schulzendorfer Parlament. Das Notar-Amt endete 2018 mit dem Erreichen der gesetzlichen Altersgrenze von 70 Jahren.

***

Versuch einer Erinnerung, VIII: Einmal nahm mich der Sohn unserer Gasteltern in Grieben, Thomas M., ein wortkarger Blondschopf, mit dem ich ab und zu am Bessin umherstrich, zur Seite. Er schaute sich um, legte seinen Zeigefinger an den Mund und deutete auf ein längliches, geheimnisvolles Bündel. Darin hatte er einen Knicker eingewickelt, und er wollte damit mit mir auf die Jagd gehen. Welch ein Abenteuer! Zuerst schossen wir mit dem Luftdruckgewehr die Kastanien-Blütenkerzen von den Bäumen, dann wollte sich Thomas die Schwalbennester vornehmen, die sich unter die Vorsprünge der strohgedeckten Griebener Häuser duckten, und aus denen es piepste und ab und zu auch ein Schnäbelchen zum Vorschein kam. Glücklicherweise gingen ihm just in diesem Augenblick die Diabolos aus – wir hatten keine Munition mehr. Stattdessen liefen wir hinten übers Grundstück zum Bodden, und sammelten Vogeleier, denn ich war ja nun Ornithologe, und ich konnte Thomas schnell von meinem neuen Hobby begeistern. Wir suchten eifrig – und fanden – verschiedene Gelege im Schilf, auf den Wiesen und, dicke Äste emporkletternd, in den Zweigen der Erlen am Wiesengrund. Ich hatte schon eine bescheidene Vogeleier-Sammlung angelegt: in einer hölzernen Zigarrenkiste lagen da, fein säuberlich ausgepustet, in Watte gelegt und beschriftet, Eier von Kiebitz, Feldlärche und Meise. Nun hatte ich nach unserem letzten Streifzug in jeder Hand ein neues Ei, eines von einer Möwe und eines von einer Wildgans. Das Problem: wir mussten von hinten wieder auf das Grundstück, das von Nero, dem Schäferhund der Familie, bewacht wurde. Wenn unsere Gasteltern, Fritze und Uschi M., zu Hause waren, lief Nero frei herum. Dann kam er an, wedelte mit dem Schwanz, und man konnte ihm sogar sein schwarzes Fell kraulen. Wehe aber, wenn er im hinteren Teil des Grundstücks, links am Schuppen, an die Kette gelegt wurde! Dann passte er auf, und Nero verstand ab sofort keinen Spaß mehr. Wir drückten uns, soweit es ging, links am Zaun entlang. Nero lag lang ausgestreckt vor dem Schuppen, den Kopf auf den ausgestreckten Läufen, nur scheinbar teilnahmslos, denn seine Ohren waren gespitzt. Wir versuchten mucksmäuschenstill zu sein, setzten vorsichtig Fuß vor Fuß. Fast hätten wir es geschafft, da knackte ein Zweig unter unseren Gummistiefel-Sohlen. Nero schnellte augenblicklich vor, sprang in weiten Sätzen auf uns zu. Die Kette klirrte. Der letzte Sprung, mit dem er uns erreichen und höchstwahrscheinlich zerfleischen würde, wurde nur einen Meter vor unseren bebenden Kinderkörpern jäh durch die sich plötzlich straffende Kette gebremst. Nero wurde durch das Metall zurückgerissen, jaulte kurz auf. Wir hatten es geschafft. Erst da bemerkte ich, dass aus meinen unwillkürlich zu Fausten geballten Kinderhänden Eidotter auf meine Schuhspitzen troff.

***

Eine erste DDR-weit gültige Regelung zur Vogelberingung wurde 1956 mit der Anordnung über die wissenschaftliche Vogelberingung getroffen. Für den Helgoland-Bereich war dieser Status schon im Mai 1948 definiert worden. In einer Vereinbarung zwischen den Vogelwarten Helgoland und Hiddensee wurde festgelegt, dass Hiddensee die Organisation und die Durchführung der wissenschaftlichen Vogelberingung in Mecklenburg übernahm – allerdings noch mit Helgoland-Ringen. Für den ehemals Rossitten* zugeordneten geografischen Bereich legte die Verordnung nunmehr die Verwendung von Radolfzell-Ringen fest. Die zentrale Leitung des Beringungswesens in der DDR lag nun zwar amtlich bei der Vogelwarte Hiddensee, doch das bedeutete zunächst nicht viel mehr als die Beschaffung behördlicher Zulassungen für die Beringer im Land und die Vermittlung von Ringen und Beringungslisten. Das sollte sich grundlegend mit der staatlichen *Anordnung über die Beringung der Vögel und Fledermäuse zu wissenschaftlichen Zwecken* vom Januar 1964 ändern. Angestoßen wurde diese Regelung, die zur Einführung eigener DDR-Vogelringe führen sollte, ausgerechnet von einem hohen Funktionär der Staatlichen Forstverwaltung. Oberland-Forstmeister Richter habe einen Rehbock mit Göttinger Wildmarke erlegt und das zum Anlass genommen, auf die Gesetzeslücke aufmerksam zu machen, heißt es. Die Anordnung beauftragte daraufhin die Vogelwarte Hiddensee mit dem Aufbau eines eigenständigen Vogelberingungs-Wesens der DDR unter Verwendung eigener Ringe mit der Aufschrift Vogelwarte Hiddensee – der Hiddensee-Ring war geboren. Mit ihm wurden nicht nur Vögel der Insel beringt, den Hiddensee-Ring der Beringungs-Zentrale Kloster tragen auch Vögel auf der antarktischen Halbinsel und in der Mongolei (am Bein) – und einige Menschen (am Ohr), jene nämlich, welche zu DDR-Zeiten sogenannten *Modeschmuck* auf Hiddensee erworben hatten – deren Hauptbestandteil machte neben Federn und feinem Draht eben dieser ganz spezielle Ring aus.

***

9
Obendreher.
Von Grundseglern und Segelgatterflügeln

Du glaubst deiner Richtung. – Mit Hilfe des Windes,
Der Strömung segelst du weiter und reist
Und reist und reist. Und die Sehnsucht des Kindes
Erkennt sich allmählich, altert, vergreist.

(aus: Flucht)

Die Holländer - Windmühle in Vitte wurde 1860 als eine von insgesamt zwei Mühlen erbaut (die andere stand bis 1860 auf dem sogenannten Mühlberg in Kloster, etwa dort wo heute das Hotel Dornbusch steht). Aus Kinderzeiten erinnere ich mich daran, dass ihre Farbe schwarz, und sie in einem desolaten Zustand war. So erklärt sich auch der Spitzname des Bauwerks – jeder nannte sie – und nennt sie noch – die *Schwarze Mühle.* Wir spazierten oder radelten daran jedesmal vorbei, wenn ich mit meinen Eltern Vitte besuchte, und wir zum Strand wollten. Jedesmal blieb ich stehen vor dem schwarzen heruntergekommenen Mühlenhaus, das aus der Erde gewachsen zu sein schien wie ein Röhrling, nun alt und faulig geworden war und sich langsam dunkel verfärbt hatte. Mich faszinierte die Technik, der drehbar gelagerte Kopf, und, dass man darin sogar wohnen konnte, wenn man wollte. Die Mühle war für mich wie ein schlafendes Tier, hinter der Düne ins Erdreich geduckt, aus einer fremden, geheimnisvollen Welt stammend.

***

Mein Onkel Wolfgang M. ist Hobby-Genealoge. Gemäß der Bedeutung des altgriechischen Wortes genealogéo ermittelt er die Abkunft unserer Familie. Dabei geht es ihm nicht darum, erbrechtliche Ansprüche gegen die Stadtkasse eines Ortes in der Märkischen Schweiz zu begründen, der denselben Namen trägt wie unsere Familie; da dürfte im übrigen auch kaum etwas zu holen sein. Die von Onkel Wolfgang betriebene Ahnenforschung zielt vielmehr im besten Wort-Sinne auf die menschlichen Verwandtschaftsbeziehungen unserer Familie, vor Allem interessiert es ihn jedoch, unsre Vorfahren in einen zeitgeschichtlichen Kontext zu setzen. So gesehen, betreibt er die englische Art von Genealogie, bei der die Familienforschung immer auch einen geschichtswissenschaftlichen Bezug aufweist. Als Wolfgang, 1931 in West-Berlin geboren, vor einigen Jahren pensioniert wurde, intensivierte er seine Forschungs-Tätigkeit. Kein Kirchenbuch, kein Standesamt und keine Bibliothek waren jetzt mehr vor ihm sicher. Das Ergebnis kann sich sehen lassen: unsere Familiengeschichte konnte durch ihn zuletzt bis zum Jahr 1634 dokumentiert werden. Der Dreißigjährige Krieg verbreitet da grade Schrecken und Elend, Russland und Polen-Litauen schließen einen Ewigen Frieden, der Osmanisch-Polnische Krieg endet, und die Regimentsverfassung von 1634 wird als Grundgesetz für das Herzogtum Pommern veröffentlicht. In München wird die Paulaner-Brauerei gegründet; in Berlin begibt sich Kurprinz Friedrich Wilhelm, der spätere Große Kurfürst, in Begleitung seines Hofmeisters Leuchtmar auf eine Bildungsreise in die Vereinigten Provinzen der Niederlande. An der Nordsee tobt die Burchardiflut, die größte Insel des Wattenmeeres, Strand, zerbricht. Auf Hiddensee gibt es das Kloster nun schon knapp hundert Jahre nicht mehr, Soldaten sollen sechs Jahre vorher – angeblich auf Anordnung von Wallenstein – den Eichenmischwald auf dem Dornbusch niedergebrannt haben, der damit, so sagt man, den Dänen die Insel als Möglichkeit zur Nutzholzgewinnung entziehen wollte. Angeblich soll auch heute noch an den Wegrändern in der Nähe des Leuchtturms, nur wenige Zentimeter unter der Grasnarbe die Ascheschicht von damals zu erkennen sein. Andere behaupten, dass es zu Wallensteins Zeit auf der Insel schon lange keinen Wald auf dem Dornbusch mehr gegeben habe. 14 Jahre später, 1648, wurde Hiddensee dann, wie das gesamte Vorpommern auch (das gilt immerhin als gesichert), unter schwedische Verwaltung gestellt – für die folgenden 167 Jahre.

***

1634 erblickte auch (und da kommt West-Onkel Wolfgang mit seinem Familien-Stammbaum wieder ins Spiel) unser Vorfahr Johann M. das Licht der Welt, im märkischen Biesenthal, zwischen Bernau und Eberswalde. Der Windmüller fertigt 1676 eine *Demüthige Supplication* an den Amtmann von Alt Landsberg: er habe seine Mühle in der Nacht nicht laufenlassen können, eines möglichen aufkommenden Sturmes wegen. Er hätte *nähmlich kein Haus bei der Mühle* und bitte daher *um freies Bauholz.* Johann hat einen Sohn, der 1676 in Werneuchen, zwischen Bernau und Strausberg, zur Welt kommt. Er nennt ihn Johannes. Später wird Johannes M., wie sein Vater vor ihm auch schon, Mühlenmeister. 1699 kauft er die Mühle in Blumberg für 100 Reichstaler. Von da an sollte die Windmüllerei unserer Vorfahren so richtig in Schwung kommen: Johannes hat sieben Kinder, sechs davon sind Söhne. Der älteste, der wieder Johann heißt, wird 1696 geboren. Johann M. II kauft 1753 die Windmühle in Beiersdorf gleich nördlich von Werneuchen. Vorher besaß er schon die Mühle in Weißensee. Der zweitgeborene kommt am 13.10.1700 zur Welt und wird Christoph genannt. Er wird, wie sein Vater und Großvater auch, Mühlenmeister und Zimmermann. Von ihm (meinem Ur-Ur-Ur-Ur-Ur-Ur-Opa), heißt es, er habe vier Windmühlen auf dem Prenzlauer Berg erbaut. Christoph M., inzwischen zum Mühlenbescheider aufgestiegen, wurde tatsächlich durch königlichen Befehl (Friedrich II. des Großen) *am 7. May 1748* mit der Erbauung von zwei Bockwindmühlen vor dem damaligen Prenzlauer Tor betraut. 1.000 Reichtaler ließ sich der König das damals kosten. Am 8.10.1748 seien die Mühlen für eine Probe angefahren und für gut befunden worden. Durch Kontrakt vom 24.4.1749 wurde Christoph M. dann noch zum Bau zweier weiterer Bockwindmühlen – *gleichvorigen* – beauftragt. Bis 1832 standen Mühlen eins und zwei in der Saarbrücker Straße 7 bis 8 und 8 bis 9. Die Mühlen drei und vier mahlten in der Metzer Straße 13 (bis 1840/41) und 16 (bis 1872). Dann traf die industrielle Revolution auch die Mühlen: Dampf-Dauer-Mehlmühlen wie die von Schumann & Krauske in der Holzmarktstraße 8/9 hielten ab 1822 Einzug. Metzer und Saarbrücker Straße gehören heute zum südlichen Kollwitz-Kietz, unweit von Kulturbrauerei und U-Bahnhof Senefelderplatz, einem der exklusivsten und teuersten Viertel Berlins, mit topsanierten Gründerzeit-Bauten (Saarbrücker Str. 7) bzw. komplett neu errichteten Quartieren (Metzer Straße 13), die sich nur noch sehr wenige Ur-Berliner leisten können, mit Schwäbischen Bäckereien, noblen Restaurants und Touri-Kneipen an jeder Ecke. Der dritte Sohn von Johannes M., Daniel M., geboren 1707, kauft schließlich 1749 die Mühle in Lichtenberg für 850 Reichstaler. Meine / unsere Vorfahren – eine Dynastie von Windmüllern! Familie M., einst eine Gemeinschaft von Müllern, die Mehl, aber wohl auch Gewürze und vielleicht auch Futtermittel herstellten, mit dem Unterschied, dass die Mahlwerke mit Windkraft angetrieben wurden. Windmüller – welch wohlklingender Name! Und anderseits: welch unvorstellbar hartes Schuften, gering entlohnt, ein entbehrungsreiches Leben, das auch stets davon abhing, ob der Wind blies – denn bei Flaute standen die Mahlwerke still.

***

Nach der sogenannten Wende führte mich mein Weg von unserem hölzernen Folkeboot WIEBKE aus dem Hafen von Langeort erneut an der alten Bockwindmühle am Norderende vorbei Richtung offenes Meer. Und wieder hielt ich inne, besah mir die alte Holzkonstruktion und versuchte mir den Windmüller bei seiner täglichen harten Arbeit vorzustellen. Auch er nutzte, wie seine segelnden Fischerkollegen von der Insel, den Wind, um sein tägliches Brot verdienen zu können, damals, als es noch keine Motoren gab auf den Booten und in den Mühlen. Heute sehe ich die Mühle – dank West-Onkel Wolfgang – mit anderen Augen, nehme sie ganz neu wahr: als stummen, hölzernen Zeitzeugen, als unbedingt erhaltenswertes Bau-Denkmal aus vorindustrieller Zeit, als alte, stumme Verbündete mit verwandtschaftlichem Bezug. Ich verschlinge verschiedene Bücher, weiß nun: die Schwarze Mühle in Vitte ist ein sogenannter Erdholländer, eine ebenerdig gebaute Holländermühle also, die ohne ein steinernes Erdgeschoss auskommt, und deren Flügel-Enden dem Erdboden sehr nahekommen. Gelegentlich werden die Erdholländer deshalb auch Grundsegler (aus dem Niederländischen: *grondzeiler*) genannt. Das hatte den Vorteil, dass die Bedienung der Segelgatter-Flügel vom Erdboden aus geschehen konnte. Die Holländer-Windmühle, regional auch Kappen-Windmühle und in den Niederlanden nur *Bovenkruier*, Obendreher (wegen der drehbaren Haube), genannt, gilt als die modernste Entwicklung der klassischen Windmühle. Die Obendreher verdrängten im 16. Jahrhundert vor allem in den Niederlanden und in Norddeutschland die vorher gebauten Bockwindmühlen, welche man auch als Untendreher bezeichnen kann, denn sie stehen auf dem sogenannten Hausbaum, der senkrecht im Bock, einem Stützgestell, befestigt ist. Auf dem Bock wurde die gesamte Mühle dann mittels Hebelwirkung eines Außenbalkens in den Wind gedreht. Während Holländer-Windmühlen in den Niederlanden vor allem zur Entwasserung der Polder benutzt wurden, dienten sie im Rest von Europa vorwiegend als Getreidemühlen. So auch die Schwarze Mühle in Vitte: bis 1927 mahlte sie zuverlässig Korn, dann, so sagt man, sei sie einmal heißgelaufen und daraufhin stillgelegt worden. Eine alte Schwarzweiß-Ansichtskarte, beschriftet mit *Hiddensee, Uns Hüsing Vitte, tote Mühle u. Mühlenhof,* zeigt sie 1929 noch mit – teilweise schon abgebrochenen – Flügeln. Fortan wurde die Mühle, zu der einst auch die heutige sogenannte Blaue Scheune gehörte, von Hiddensee-Besuchern als Sommersitz genutzt. Unter ihnen befanden sich auch so illustre Gäste wie Gret Palucca (1902 bis 1993). Ab 1948 soll die Ausdruckstänzerin viele Sommer auf Hiddensee verbracht haben, erst in der Mühle, dann in ihrem eigenen Sommerhäuschen. Das Grundstück hatte ihr die DDR-Regierung 1959 geschenkt, damit sie den Osten nicht Richtung Sylt verlässt; 2009 wurde das Haus vom neuen Berliner Eigentümer in einer Nacht-und-Nebel-Aktion abgerissen.

***

Anfang der 1960er erwarb der Dresdner Helmut Trauzettel die heute unter Denkmalschutz stehende Schwarze Mühle. Der 1927 in Leipzig geborene Architekt machte 1945 Abitur und studierte im Anschluß bis 1951 an der Hochschule für Baukunst und bildende Künste in Weimar. 1955 Promotion, 1961 Habilitation, 1962 Professor für Elementares Gestalten und Freihandzeichnen an der Technischen Universität (TU) Dresden, 1969 (bis 1992) Professor für Wohn- und Gesellschaftsbauten. Seit 1993 (bis 1997) war Trauzettel Präsident der Architektenkammer Sachsen, 1996 war er dann als Gründungsmitglied dabei, als die Sächsischen Akademie der Künste ins Leben gerufen wurde. 2002, nur ein Jahr vor seinem Tod, wurde er zum Ehrenmitglied des Bundes Deutscher Architekten ernannt. Trauzettel zeichnete verantwortlich für viele Kinder- und Jugendbauten, vor allem in Dresden, Halle an der Saale und Bitterfeld. Ihm verdanken die Bautzener ein Wohngebiets-Zentrum und die Dresdner eine ganze Wohnsiedlung, das Berliner Bank-Gebäude und ein Heim für Behinderte. Und: der verdiente Architekt entwarf Einfamilienhäuser und Wohnbauten. Auch die Windmühle in Vitte auf Hiddensee machte er zu einem seiner Projekte. Trauzettel baute die Schwarze Mühle zu einer Ferienwohnung aus und restaurierte die Fassade der Mühle – unter Weglassung der Flügel – fachgerecht. Als erfahrener Architekt war er dafür geradezu prädestiniert. Heute sind die Fenster weiß lackiert, auf der Kappe streckt sich glänzend eine Metallspitze ins Blau des Ostsee-Himmels, und Seiten und Haube erstrahlen in einem frischen Hellgrau. Den Namen Schwarze Mühle wird der alte Obendreher wohl trotzdem für immer behalten.

***

10
Der Erfinder des Schiffs ist der Erfinder des Schiffbruchs

Durchnässte Kleider. – Vereister Bart. –
Viel Arbeit und Wache um Wache. –
Ein harter Beruf in der Segelschifffahrt!
Doch es ist eine ehrliche Sache,
Und eine schöne, wenn Meer und Wind
Den Seglern gnädig sind.

(aus: Segler)

Schwer verletzt: Einhandsegler strandet bei Hiddensee. An der Steilküste beim Leuchtturm Dornbusch havariert eine Zehn-Meter-Yacht – der am Kopf verletzte Skipper muss mit dem Hubschrauber geborgen werden. Gegen 22.30 Uhr in der vergangenen Nacht entdeckten Spaziergänger auf dem Hochland im Norden der Insel Hiddensee am Strand vor der Steilküste eine offenbar schwer verletzte Person. Sie alarmierten die Seenotleitstelle in Bremen. Sofort liefen in Vitte das Rettungsboot NAUSIKAA und am Darßer Ort der Kreuzer THEO FISCHER aus. Zur Unterstützung wurde ein auf Rügen stationierter Hubschrauber von Northern Helicopter eingesetzt, außerdem die Freiwilligen Feuerwehren der Ostseeinsel und die Deutsche Lebens-Rettungs-Gesellschaft. Die DGzRS schildert die Situation so: Der Unglücksort habe in einem unwegsamen Strandabschnitt gelegen, der vom Hochland aus nur sehr schwer zugänglich sei. Als die NAUSIKAA vor der Steilküste eingetroffen sei, hätten die Seenotretter ein mitgenommenes Schlauchboot zu Wasser gelassen. Nur so habe ein freiwilliger Seenotarzt und zwei Rettungsmänner die letzten Meter zum Ufer über den steinigen Meeresgrund bewältigen können. Dort habe der freiwillige Seenotarzt zunächst den schwer verletzten Skipper stabilisiert. Über die Steilküste sei ein Abtransport des Seglers unmöglich gewesen. Deshalb habe die Hubschrauberbesatzung den Mann gegen ein Uhr auf einer Trage liegend aufgewinscht und ihn in ein Krankenhaus geflogen. Der 53 Jahre alte Skipper hatte sich bei der Strandung unweit des Leuchtturms Dornbusch im Nordwesten der Ostseeinsel schwere Kopfverletzungen zugezogen. Er war bereits am Dienstag, dem 7. Juli (2020), als vermisst gemeldet worden. Tags zuvor war er südlich von Kopenhagen mit seinem etwa zehn Meter langen Segelboot gestartet. Sein Ziel sei Nakskov an der Westküste der dänischen Insel Lolland gewesen. Dort sei er allerdings nie angekommen.

Versuch einer Erinnerung, IX: Ein paar Jahre nach der sogenannten Wende segeln wir mit unserem Nordischen Folke rund Hiddensee. Wir starten morgens, nach einem herrlich dampfenden Kaffee vom Spiritus-Bordkocher und frischen Schrippen vom Bäcker in Vitte Langeort, fahren, unter Motor erst, die kleine betonnte Fahrrinne entlang, die zum Hauptfahrwasser für die Dampfer führt. Zwischen Hahnentief-Schaar und Vitter Bodden geht es dann ein Stück südwärts, wir setzen das Groß, es weht eine leichte Brise aus Nord, die Sonne lacht. Vor dem Trog biegen wir nach backbord Richtung Osten ab, halber Wind. Dann wenden wir den Bug unseres schlanken, geklinkerten Schlichting-Baus gen Norden, segeln mit Motorunterstützung entlang der Fahrrinne durch die Schutzzone Richtung Libben. Ab dem letzten Tonnenpaar grün / rot heißt der neue Kurs Nordwest, Segel hoch, Motor aus, Ruhe. Wir haben die freie Ostsee erreicht, und wir fühlen uns frei. Wir wissen: die Ostsee gilt als eines der meistbefahrenen Meere der Welt. Auch wenn sie nur die kleine Schwester der Nordsee ist, kann es hier rauh zugehen. Stürme, sogenanntes *menschliches Versagen* oder technische Probleme führten – und führen – schnell zu Havarien und Strandungen. Auch in dem Seegebiet vor Hiddensee fanden viele Seeleute den Tod; es gilt als wrackreiches Gewässer. Die komplizierten Verhältnisse vor der Insel würden diese Region zu den gefährlichsten Gegenden der südlichen Ostseeküste machen, heißt es. Allein für die Zeit von 1760 bis heute seien 121 Schiffshavarien ermittelt worden. 65 der verunfallten Schiffe seien Totalverluste gewesen, nur 40 Schiffe hätten geborgen werden können. Von 16 gestrandeten Schiffen fehlten Informationen über deren Verbleib. Die Zahl der tatsächlich vor Hiddensee gesunkenen Schiffe sei um ein Vielfaches höher anzusetzen. So erkläre sich auch der lateinische Hinweis auf einer Anfang des 17. Jahrhunderts entstandenen Lubinschen Karte: *Littus multis naufragiis famosum* – Durch viele Schiffbrüche berüchtigte Küste. Wir segeln dicht an der Nationalpark-Grenze entlang, halten uns an die in unserer Papier-Seekarte eingezeichnete Fünfmeter-Wasserlinie. Wir halten gut Wahrschau vor den eingezeichneten großen Steinen am Toten Kerl nördlich des Dornbuschs. Der Sage nach soll hier vor vielen Jahren einmal ein Seemann angespült worden sein, der bei einem Schiffbruch ums Leben gekommen war. Das Leuchtfeuer auf dem Dornbusch ging 1888 in Betrieb. Der Name des 72 Meter hohen Bakenberges belegt, dass dort einmal ein Seezeichen (eine Bake) aufgestellt worden war.

Spurensuche I: Nach schriftlichen Überlieferungen soll in diesem Seegebiet am 19. Oktober 1879 die deutsche Galeaß JULIUS gesunken sein. Das Schiff sei mit Kartoffeln von Stettin nach Kopenhagen unterwegs gewesen sein, heißt es. Eine Recherche im Register des Germanischen Lloyds habe jedoch ergeben, dass es sich bei der JULIUS nicht um eine Galeaß, sondern um eine Schlup* gehandelt habe. Auch soll am 13. Juni 1880 die russische Galeaß KRONA auf der Reise von Lübeck nach Pitea in Schweden mit Ballast am Dornbusch untergegangen sein.*

Auch um die Steine bei der Signalmasthuk machen wir lieber einen etwas größeren Bogen. Immerhin segeln wir hier mit unserem 1,20 Meter tiefgehenden Langkieler auf Leegerwall*. Hier irgendwo muss auch der 53jährige Skipper mit seiner Zehnmeter-Yacht gestrandet sein. Nachrichten wie diese machen Segler vorsichtig und lehren sie Demut. Wir haben unsere kleine hölzerne Nußschale gut mit allem Nötigen ausgerüstet, auch aktuelle Karten sind an Bord. Wir haben uns gut vorbereitet, den Wetterbericht studiert. Wir passieren die Hucke vor Kloster, der Wind fällt jetzt genau achterlich ein – Schmetterlings-Segeln.

Spurensuche II: 1957 kam es zu drei Seeunfällen. Es strandeten die Segelyacht KOMET, ein Fischkutter aus Freest und ein Polizeiboot vor Hiddensee. Am Außenstrand geraten ein Jahr später wiederum drei Schiffe in Seenot: ein Wohn- und Werkstattschiff der Volksmarine, eine Segelyacht und am 17. Dezember das aus Bremen stammende Motorschiff STINA B (ex GERMANIA). Nicht bei allen Strandungen sei der Einsatz der freiwilligen Helfer des Rettungsdienstes notwendig geworden, heißt es. Der Umgang mit Schiffbrüchigen aus westlichen Ländern sei auch während der DDR-Zeit unproblematisch gewesen. Ein alter Ehrenkodex gebiete es den Seeleuten, Schiffbrüchigen mit allen zur Verfügung stehenden Mitteln zu helfen – egal wo sie herkommen. Zudem hätten internationale Verträge die DDR zur Hilfe für ausländische Seeleute in ihren Gewässern verpflichtet.

Wir segeln am Harten Ort vorbei, passieren die Untiefen-Tonne westlich, weiter geht es Richtung Süden. Der Bug unserer WIEBKE pflügt leise plätschernd durchs salzige, kalte Nass.

Spurensuche III: Das holländische Motorschiff HENNI T verliert im dichten Nebel im Winter 1964 sein Lotsenboot. Nachdem auch der Anker gebrochen sei, sei das Schiff in der Nacht zum 22. Januar vor Hiddensee festgelaufen, heißt es. Als das Motorschiff vom Grund gelöst worden sei, hätten die Schlepper EISVOGEL und GELLEN das Schiff zentimeterweise Richtung Stralsund bewegt.

Mehrmals sei dabei das Tauwerk gebrochen, wodurch das Schiff am 24. Januar erneut am Harten Ort vor Hiddensee gestrandet sei. Ein Leck habe die Bergung unmöglich gemacht. Motorpumpen der Freiwilligen Feuerwehren von Hiddensee haben das Schiff trotzdem trocken halten können. Die HENNI T habe schließlich mit Hilfe der Schlepper die Fahrt nach Stralsund fortsetzen können. 1975 sei das Schiff in MACVACA umbenannt worden. 1989 sei es als künstliches Riff bei Pompano Beach/Florida in einer Tiefe von 270 Metern versenkt worden.

Von achtern laufen jetzt hin und wieder größere Wellen unter unserer WIEBKE durch, dabei heben sie zuerst das Heck an, dann den Bug. Beschleunigen, bremsen, beschleunigen, bremsen – und dabei immer schön Kurs halten. Hinter dem Dünenweg können wir die Türmchen von Vitte, die Spitze der Schwarzen Mühle und sogar die Segelmasten auf der anderen Seite der Insel ausmachen.

Spurensuche IV: Vor Vitte strandet im Juli 1909 bei einem Sturm die Galiot SOPHIE. Das Schiff habe Briketts geladen gehabt, und es sei unterwegs gewesen von Stettin nach Haderslev in Dänemark, heißt es. Durch den orkanartigen Sturm des Vortages sei das Schiff leckgeschlagen. Da ein Abpumpen des Wassers nicht möglich gewesen sei, habe sich der Kapitän zur Strandung entschlossen. Während der Schiffsführer an Land gegangen sei, um Rettung zu holen, seien der Matrose und ein Schiffsjunge an Bord geblieben. Mit einem Raketenapparat* und einer sogenannten Hosenboje* soll der Verein zur Rettung Schiffbrüchiger versucht haben, die beiden zu retten. Dramatische Szenen sollen sich abgespielt haben: der Raketenapparat sei gebrochen, der Schiffsjunge habe auf offener See in der Hosenboje festgesteckt, hohe Wellen hätten ihn erst in die Luft, dann wieder ins Wasser geschleudert. Eine Postkartenserie von zehn Bildern zeigt das havarierte Schiff, an dem sich die Wellen brechen. Einwohner haben die Rettungs-*

aktion von Land aus beobachtet – eine Horrorvorstellung für die Insulaner, damals noch größtenteils Fischer, denn: ihnen selbst, oder schlimmer noch: ihrem eigenen Sohn hätte das genau so passiert sein können. An Land zu stehen, und ohnmächtig zusehen zu müssen, wie die Rettung vielleicht doch noch in letzter Sekunde scheitert – kann es Bitteres geben? Ein Rettungsboot habe die Schiffbrüchigen schließlich lebend bergen können. An Land seien sie umgehend versorgt worden, und sie hätten eine Spende erhalten, die durch eine spontane Sammlung zustande gekommen sei: 140 Reichsmark, damals sehr viel Geld.

Wir passieren Hassenort kurz vor Neuendorf, Urlauber sonnen sich am weißen Strand, spielen Ball, baden. Die Sonne steht jetzt hoch, die Wellen werden kleiner. Der Wind hat ausgepustet – fast. Mit letzter Kraft treibt er unser Folkeboot weiter voran und bläht das Groß und die mittels des Baumes auf der anderen Seite ausgestellte kleine Fock.

Spurensuche V: Vor Neuendorf gerät 1872 die CLARA KARL in Seenot. Am Abend des 12. November habe sich der Nordoststurm, der sich im Laufe des Tages erhoben hatte, zum Orkan gesteigert, heißt es. Dieser habe in unverminderter Stärke die Nacht hindurch getobt – bis gegen Mittag des 13. November. Darauf habe der Wind langsam nach Osten gedreht, der Wasserdruck habe nachgelassen, die Flut hätte begonnen zu fallen. Aber erst am 14. November sei überall der normale Wasserstand wieder erreicht gewesen. Nun erst habe man den vollen Umfang der furchtbaren Verwüstung sehen können. Die Hiddenseer hätten die Mannschaft der CLARA KARL gerettet, heißt es. Über das Schiff ist nichts überliefert. Es musste aufgegeben werden. Es wird behauptet, an Bord des Schiffes habe sich das Wikinger-Gold befunden, welches als Goldschmuck von Hiddensee bekannt wurde *(siehe dazu auch schon: 4 – Clara Karl – Von Strandräubern und Schatzfindern, Seite 35).*

Das kleine Leuchtfeuer Gellen grüßt von Backbord-Seite. Bereits seit Jahrhunderten führt der westliche Seeweg nach Stralsund am Gellen vorbei. Auch als Reedeplatz war dieses Seegebiet bei Schiffern beliebt – kleinere Leichterfahrzeuge übernahmen vor dem Gellen bestimmte Waren, die für Stralsund bestimmt waren. Die großen Schiffe scheuten den komplizierten Wasserweg zur Hansestadt. Die Küste veränderte hier schnell ihr Aussehen, und auch die vorgelagerten Sandbänke variierten ständig ihre Lage. Ein Leuchtfeuer, das im Jahr 1306 von den Zisterziensern am Gellen errichtet worden sei, habe damals den Seeweg zur Hansestadt Stralsund markiert. Seit 1907 steht hier ein sogenanntes Quermarkenfeuer. Wir fädeln uns in die betonnte Fahrrinne ein, die erst am flachen Gellen entlangführt, dann den Bock mit der Barhöfter Rinne umrundet, und zwischen Vierendehl-Grund und Flundergrund schließlich südöstlich in die Gellerhaken-Rinne mündet. Die führt uns, nun wieder mittels Flautenschieber und gegen den Wind, Richtung Norden, zurück zum Vitter Yachthafen.

Spurensuche VI: Am Gellen, der Südspitze von Hiddensee, entdeckten Forscher Wrackteile. Erste Untersuchungen im Jahr 1997 hätten zu der Annahme geführt, dass es sich um eine Hansekogge aus dem 14. Jahrhundert handeln würde, heißt es. Dank weiterer Untersuchungen sei aber nun sicher, dass die Teile von zwei Wracks stammen würden. Das sogenannte Gellenwrack stamme aus Finnland. Das Schiff sei Ende des 18. Jahrhunderts mit einer Ladung Kalkplatten von der Insel Öland vor Hiddensee gescheitert. Die genaue Bestimmung des mittelalterlichen Wracks stehe noch aus. Nordwestlich des heutigen Leuchtfeuers am Gellen befindet sich ein weiteres Wrack. Über den Verbleib der dänischen Galeaß VENNERS HAAB heißt es, das Schiff sei am 14.11.1880 auf der Reise von Fakse nach Eckernförde mit einer Ladung Kalk vorm Gellen gestrandet. Der Zustand des Wracks deute darauf hin, dass das Schiff in Eile verlassen worden sei, und nach dem

Untergang eine Bergung der Habseligkeiten nicht mehr möglich gewesen sei. Als kompliziert hat sich die Rettung der Besatzung des deutschen Gaffelschoners HERKULES dargestellt, der am 25. Dezember 1923 strandete. Die Stralsundische Zeitung meldete am 19. Januar 1924: „Am ersten Weihnachtsfeiertage geriet der Zweimastschoner HERKULES auf der Südspitze des Gellen in Gefahr. Bei dem herrschenden Sturm und Schneegestöber gelang es nur mit Aufbietung äußerster Kraft und unter Zuhilfenahme von acht vom Gutspächter Wüstenberg bereitwillig zur Unterstützung gestellten Pferden, das Rettungsboot der Station Hiddensee zu Wasser zu bringen. ... Sie retteten den Kapitän und den Schiffsjungen. Die übrigen vier Mann der Besatzung hatten das Schiff mit dem Schiffsboot verlassen, waren aber nach der eineinhalb Meilen südlich liegenden Barke Vierendehl abgetrieben. ... Die Schiffbrüchigen sind dann am zweiten Weihnachtsfeiertage von Barhöft über das Eis gerettet worden." Ein Foto des gestrandeten Schiffes sei bereits wenige Tage danach als Postkarte vertrieben worden.

***

Vom 29. März bis zum 12. Mai 1854 wurde zwischen der zuständigen Stelle der Königlichen Regierung zu Stralsund und dem Provisoriat des Klosters zum Heiligen Geist über die Errichtung eines hölzernen Schuppens zur Aufnahme eines Manby-Mörsers* auf dem Gelände des Gutshofes in Kloster auf der Insel Hiddensee verhandelt. 1866 war die Station Kloster inklusive eines Rettungsbootes fester Bestandteil des Neuvorpommersch-Rügenschen Vereins zur Rettung Schiffbrüchiger. 1876 erfolgte die Ausrüstung mit einem wirksameren Leinen-Raketengerät. Der Verein ging 1868 in die Deutsche Gesellschaft zur Rettung Schiffbrüchiger (DGzRS) auf. Er konnte bis heute zahlreiche Menschen aus Seenot befreien.

***

Per Periculum Vivo – Ich lebe in Gefahr, oder: -mit der Gefahr, oder: Ich lebe durch die Gefahr – diese lateinische Inschrift stand auf einer kunstvoll geschnitzten Holzscheibe, die Mitte der Siebziger, als ich mit meinen Eltern das erste Mal auf Hiddensee war, an einem Schuppen der Fischer von Neuendorf hing. Nach ihren Erzählungen soll sie von dem Wrack eines Schiffes gestammt haben, das irgendwann im Sturm an der Küste der Insel gescheitert war.

***

11
Venceremos.
Sanddornlikör in Vitte, Pisco in Valparaiso

Wenn die Wetter lange düster grollen,
Glücklich, wer dann trotzig lächeln kann.

(aus: Kopf hoch, mein Freund!)

Am 11. September 1973 putschte das Militär in Chile. Die Luftwaffe begann damit, den Präsidentenpalast La Moneda zu bombardieren. Die Putschisten drangen in den Palast ein. Der drei Jahre zuvor demokratisch gewählte sozialistische Präsident Salvador Allende starb. Es heißt, er habe seinem Leben selbst ein Ende gesetzt. Augusto Pinochet regierte Chile daraufhin bis zum 11. März 1990. Heute misst man dem Putsch in Chile eine ähnlich große Bedeutung bei wie der Revolution in Kuba. Unmittelbar nach dem Putsch wurden viele Sympathisanten der bisherigen Regierung, Linke und Gewerkschaftsmitglieder, gefoltert und ermordet. Traurige Berühmtheit erlangte das Estadio Nacional in Santiago, hier wurden mehr als 40.000 Gefangene zusammengetrieben. Auch die berüchtigte Colonia Dignidad wurde für Folterungen genutzt. Insgesamt seien mehr als dreitausend Menschen während der Diktatur ermordet worden, heißt es. Viele Menschen verschwanden spurlos. Hingerichtet wurde auch Arnoldo C., chilenischer Anwalt und Politiker, Rechtsberater der Regierung von Salvador Allende, ein sozialistischer Aktivist und Mitglied der Politischen Kommission Allendes. Arnoldo studierte Jura an der Universität von Chile, trat der Sozialistischen Jugend bei, engagierte sich in der Organisation und später auch in der Partei. Er reiste nach Kuba und unterstützte den aus Bolivien geflohenen Ché Guevara. 1961 heiratete er die Krankenschwester Celsa P. Aus der Ehe ging unter anderem ein Sohn hervor, Alvaro C. Etwa 20.000 Menschen flohen noch 1973 ins Ausland. Die Stasi half im Herbst 1973 bei der Ausschleusung führender chilenischer Linker in die DDR. 2.000 Flüchtlinge kamen auf diesem Wege nach Ostdeutschland und erhielten dort Asyl. So kam auch mein Freund Alvaro nach Berlin.

Versuch einer Erinnerung X: Ich lernte Alvaro während meiner Abi-Zeit in Friedrichshain kennen, Erweiterte Oberschule Friedrich Engels. Wir freundeten uns an, hingen in Cafés herum, diskutierten uns nächtelang die Köpfe heiß, besuchten Discos und stellten den Mädchen nach. Damals sammelte ich Schallplatten (neudeutsch: Vinyls) von den Stones; Alvaro durfte in den Westen reisen und versorgte mich zu Ostzeiten mit *Beggars Banquet, Sticky Fingers* (mit Andy Warhol-Reißverschluss-Cover), *Let it Bleed, Get Yer Ya-Yas Out, Goats Head Soup* und *Exile On Main Street.* 1985 wurde ich zum Grundwehrdienst bei der Nationalen Volksarmee einberufen. Alvaro ging mit seiner Familie nach dem Ende der chilenischen Militärdiktatur zurück nach Santiago. Meine Schallplatten-Sammlung verkaufte ich noch zu DDR-Zeiten; von dem Erlös konnte ich für meine inzwischen gegründete kleine Familie eine komplette Wohnungseinrichtung anschaffen. Alvaro heiratete, und kurze Zeit nach der sogenannten Wende in der DDR unternahm er mit seiner Frau eine Europa-Tournee. Teil der mehrwöchigen Reise war natürlich auch Ostdeutschland, und natürlich musste er nach langer Zeit auch seinen alten Freund aus Friedrichshain, der nun in Köpenick wohnte, wiedersehen. Ich hatte just zu dieser Zeit mit Silvio, genannt Suelze, und seinem Bruder Steffen-*Popeffen* mit unserem Folkeboot vor Hiddensee festgemacht. Kein Problem für Alvaro: er bestieg mit seiner Frau die Fähre ab Stralsund und kam nach Vitte-Langeort gedampfert. Bei herrlichstem Sonnenschein und frischem Wind segelten wir dann mit WIEBKE auf dem Bodden zwischen Rügen und Hiddensee, peilten draußen auf der Ostsee Arkona an, und wir segelten weit in den Rügenschen Bodden hinein bis nach Ralswiek. Wir warfen uns juchzend in die kalten, salzigen Wellen vor Vitte, saßen im Godewind, tranken Lübzer Bier und Sanddorn-Likör; abends dann ein Sundowner im Hafen: Rotwein in der Plicht unseres alten, treuen Holzbootes – was ist Glück? Geschlafen wurde zu sechst im Boot, das eigentlich nur für zwei ausgelegt war. Zwei Chilenen auf Hiddensee – das gab es erstmals auf dem Inselchen im Jahr 1887: zwei Herren aus dem südamerikanischen Land seien damals im Vitter Krug abgestiegen, dem späteren Ostseehotel, berichtet das Fremdenbuch des Gastwirtes Freese von damals.

***

Alvaro und ich verabredeten uns nach unserem Hiddensee-Segelabenteuer auf ein Treffen in Santiago de Chile; etwa 20 Jahre später hatte das mit dem Gegenbesuch dann tatsächlich geklappt. Alvaro, inzwischen Leiter der Fremdsprachen-Abteilung am Goethe-Institut in Santiago, zeigte mir auf unserem Sommer-Road Trip Yungay, Valparaiso und Vina del Mar. Die Fenster seines Geländewagens waren heruntergedreht, im Autoradio liefen Gipsy Kings und Manu Chao. Wir bestiegen erneut gemeinsam ein Schiff, dieses Mal ein riesiges Cruiseship, das uns von Punta Arenas bis nach Kap Hoorn brachte. Wir tranken Calafate-Bier in Feuerland, Pisco mit echtem Gletschereis vor einer der letzten riesigen Eiswände dort, mit Pisco tauften wir auch Alvaros Tochter, meine kleine, hübsche Ahijada J. Wenn wir uns (nun regelmäßiger) sehen, erinnern wir uns gern an die vergangenen Zeiten und an unseren sonnigen, sorgenfreien gemeinsamen Sommerurlaub auf Hiddensee. Gibt es ein schöneres Bild, das man von Deutschland in ein so weit entferntes Land wie Chile tragen kann? Und wir träumen – wie immer

– auch von der Zukunft. Das wäre nochmal etwas: gemeinsam mit Motorrädern von Santiago de Chile die Panamericana hinauf bis tief in die Atacama-Wüse hinein und nach San Pedro knattern, wie einst der junge Che Guevara und sein Freund Alberto Granado auf deren legendärer Poderosa II, einer alten Norton 500… *Hay algo que nadie nos puede quitar y eso es la pura alegria de vivir!*

***

An der Kreuzung der Straßen Amunátegui und Huérfanos erinnert eine Gedenktafel an den Ort, an dem Alvaros Vater Arnoldo C. am 24. September 1973 in Santiago de Chile ermordet wurde. Als Luis Corvalán 1977 Berlin besuchte, zog unsere Schulklasse mit weißen Jungpionier-Hemden und blauen Halstüchern an der Ehrentribüne vorbei, auf der der fremde chilenische Kommunist stand und uns zuwinkte. Dean Reed sang Anfang der Achtziger *Venceremos* in Chile und in der DDR – mit einem Text von Victor Jara.

***

12
Halt fest!
Von Burgherren und Leuchterweibchen

Kameraden, vorbei ist das Fasten,
Ich sehe den Leuchtturm durchs Glas.
Schon flattern um unsere Masten
Die Möwen. Im Wasser schwimmt Gras.

(Matrosensang, aus: Land in Sicht)

Versuch einer Erinnerung XI: Mitte der Siebziger unternahm ich mit meiner Familie eine schöne Wanderung den vom reifen Sanddorn orange-rot-gelb gefärbten Dornbusch im Norden die Wiesen und Hügel entlang, hoch zum Leuchtturm, es war ein sonniger, dennoch kalter, klarer Tag – der Herbst hatte längst Einzug gehalten. Wir kehrten oben im Klausner auf ein Getränk und eine Suppe ein (war es eine Soljanka? Würzfleisch mit Worcester-Sauce?), wir Kinder durften uns eine Brause bestellen. Dann ging es weiter, die Wiese neben dem Plattenweg nach Kloster wieder hinab. Mein Vater hatte sich seine Pipe angesteckt, der Rauch, den er ausstieß, duftete ganz wunderbar nach Vanille oder Kirsche. Um den Hals hatte er wie so oft bei unseren Ausflügen seine Exa-Fotokamera mit Zeiss-Objektiven, an der Seite baumelte lustig der Belichtungsmesser in einem kleinen Lederetui. Kurz unterhalb des Waldsaumes genossen wir die grandios-weite Aussicht gen Süden zum Gellen hin – und nach Westen aufs Meer. Zwischen uns und der Ostsee stach ein rot von der Sonne beschienenes Gebäude hervor, auf einer kleinen Lichtung stehend und von Kiefernwald umgeben, nicht weit von der Steilküste entfernt, ungefähr dort, wo die Hucke beginnt. Vor dem burgartigen, sich in mehrere Teile gliedernden Bau mit Türmchen und gleichhohem Schornstein standen wie hingewürfelt vereinzelt ein paar weiße, strohgedeckte Fischerhäuser. Ein schon leicht verblasstes Foto, das mein Vater damals bei der Wanderung geschossen hatte, erinnert daran. Was hatte es mit diesem rätselhaften roten Haus auf sich? Etwas später streiften wir das Gebäude dann auf einem Spaziergang durch Kloster. Was wir sahen, war ein heruntergewirtschaftetes, jedoch architektonisch überaus reizvolles Anwesen. Fehlende Fensterscheiben waren teilweise mit Brettern und Spanplatten vernagelt, das Dach schien dicht, immerhin, Brennesseln wucherten überall. Wir Kinder wollten unbedingt einen Blick hineinwerfen in die geheimnisvolle, verlassene Märchen-Burg, möglich gewesen wäre das. Doch der Vater sagte nein.

***

Viereinhalb Jahrzehnte später, erneut auf dem Inselchen, erinnere ich mich an diesen Spaziergang von 1975 oder '76 aus meiner Kindheit. Was ist aus diesem roten Bauwerk geworden? Wir gehen, zielgerichtet nun, vom Wieseneck den Weg Zum Hochland hinauf bis zur Lietzenburg. Niemand da, das wacklige Holztor nur angelehnt. Wir betreten das Grundstück. Die Jugendstilvilla erstrahle seit 2013 wieder in frischem Glanz und stehe heute unter Denkmalschutz, erzählt ein Urlaubs-Gast, der sich in einem kleinen Studio im Erdgeschoß – Blick Richtung Meer, beziehungsweise dorthin, wo das Meer sein müsste, denn krumme Kiefern versperren die Sicht – einquartiert hat. Wir treffen ihn draußen vor dem Haus, ein Sachse, manches ändert sich scheinbar nie auf Hiddensee (dasselbe behaupten die Sachsen wahrscheinlich von den Berlinern, die hier in Mecklenburg-Vorpommern von den *Fischköppen* nur *Buletten* genannt werden). Der Kaufmann und spätere Maler Oskar Kruse (1847–1919) beauftragte um die Jahrhundertwende die Berliner Architekten Spalding & Grenander mit dem Bau eines

Sommerhauses auf dem höchsten Punkt seines etwa zweieinhalb Hektar großen Anwesens in Kloster. Alfred Grenander entwarf das Interieur, Otto Spalding die Architektur. Auch Hiddensee-Strandgestein wurde verbaut: der Backstein-Bau besitzt ein schönes Sockel-Geschoss aus einheimischen Findlingen. Vor allem die Inneneinrichtung ist im Jugendstil gehalten. *Halt fest* – so nannten die Architekten ihr Bauwerk. Kruse gab dem Anwesen, das sogar einen eigenen kleinen Turm erhalten hatte, jedoch den Namen *Lietzenburg*, in Anlehnung an seine Berliner Wohnadresse in der Lietzenburger Straße. Nach dem Tod des Malers erbten der Bruder Max Kruse und seine Ehefrau Käthe (genau, die bekannte Puppen-Herstellerin) das Anwesen. Dann kam der Krieg. Es wurde still in der Lietzenburg. Zu DDR-Zeiten wurde das Anwesen dann, wie üblich, zum Erholungsheim umfunktioniert. Träger-Betrieb war die Ernst-Moritz-Arndt-Universität in Greifswald. Nach der sogenannten Wende erhielt der Sohn von Max und Käthe Kruse, der ebenfalls Max hieß, das Haus zurück. In *Die versunkene Zeit* erinnert sich der 1921 geborene Bad Kösener, der seit den Sechzigern als Schriftsteller gearbeitet und das *Urmel* geschaffen hatte, an seine Kinderjahre in dem Haus:

In der großen Halle brannte nie Licht, das Leuchterweibchen über dem Sitzplatz vor dem Kamin trug seinen Namen zu Unrecht. Es leuchtete nicht. Bei Tag und Nacht schwebte es so dekorativ wie absurd und nutzlos unter der Decke, lachte naiv in seinem Kleid aus buntem Holz, mit seinen Apfelbacken aus Ölfarbe und hielt die unbenutzten Kerzen in seinen vorgestreckten Fäusten. Wer wollte auch allabendlich – gar noch mehrmals – zu ihm hinaufsteigen, um die Kerzen anzuzünden? Außerdem drohte ja ständig Feuergefahr. Und der Kamin war genauso nutzlos. An kühlen Herbstabenden hatte man wohl Lust, es mit ihm zu versuchen, doch man ließ es bald wieder. Dieser Kamin war, wie so vieles hier, mehr künstlerisch als praktisch. Grüne Ranken wucherten über seine Schürze, sie war mit Versen in Plattdeutsch beschriftet und es gab eine gemütliche Nische, in die Polsterbänke eingelassen waren – es war ein Schmuck- und Ausstellungsstück. Aber wehe, wenn er loderte! Dann zuckte sein Flammenschein durch Schwaden von Qualm, die sich in der Halle verbreiteten, alles ausfüllten, ehe sie gemächlich über das Treppenhaus nach oben stiegen. Allen tränten die Augen, alle husteten.

Max Kruse, Sohn von Puppen-Käthe und Bildhauer-Max, Neffe von Maler-Oscar, dem ursprünglichen Burg-Herren, wollte das Haus nicht. Vielleicht verband ihn damit nicht viel Positives. So verkaufte er die Halt-fest! – Lietzenburg kurzerhand. Der aktuelle Eigner Claus B., ein promovierter Physiker und ehemaliger Solarstrom-Unternehmer aus Weimar, ließ die Villa aufwendig denkmalgerecht und wunderschön von einer Dresdner Architektin sanieren. Neben Ferienwohnungen gibt es nun auch einen öffentlichen Bereich. Neben dem Kruse-Atelier kann man auch die historische Kamindiele bewundern, von dessen Decke das alte apfelbäckige Leuchterweibchen grüßt.

***

Heute können wohlbetuchte Hiddensee- und Architektur-Fans unter anderem die sechzig Quadratmeter große FeWo Sturmhöhe in der roten Backstein-Festung buchen: *Die Lietzenburg – liebevoll saniertes Kulturdenkmal! Sehr schöne Ferienwohnung über zwei Etagen mit dem schönsten Inselblick direkt vom Türmchen! Ausstattung: 1 großer Wohn- Essraum mit großer Küchenzeile, 1 Schlafzimmer mit Doppelbett (über eine relativ steile Innentreppe zu erreichen), 2 Aufbettungen im Wohn- Essraum, 1 Badezimmer mit Dusche/WC, Geschirrspüler, Backofen, Turm-Balkon mit Balkonmöbeln, Großer Handwagen für Gepäck und Einkäufe. Preise: 160 Euro pro Nacht in der Hauptsaison, zuzüglich Endreinigung (einmalig): 80 Euro, Bettwäsche und Handtü-*

cher pro Person und Set: 12 Euro. Energie ist inklusive. Rauchen im Haus nicht erwünscht! Haustiere nicht erlaubt!

***

Rechenstück: Mitte der siebziger Jahre, als ich die damals heruntergekommene und vernagelte Lietzenburg in Kloster zum ersten Mal sah, zahlten meine Eltern für unsere Vierpersonen-Familienunterkunft bei der Kutscher-Familie M. in Grieben für eine ganze Woche weniger (in Ost-Mark), als man heute für eine Nacht (in Euro) in der sanierten Villa berappen muss. Wie sich die Zeiten ändern. Dafür haben die verwöhnten Städter aber permanentes *Internet-WLAN nebst TV mit Bluray und Digitalradio* in ihrer FeWo.

***

13
Deutschstunde.
Schönste Ferienerlebnisse, Grieben 1976

Andrerseits: Vor steiler Küste
Stürmen Wellen an und fliehen. –
Nach dem hohen Walde ziehen
Butterbrote und Gelüste.

(aus: Insel Hiddensee)

Fundstück: „Es war im Mai 1976. Wir (meine Eltern, mein kleiner Bruder und ich) fuhren mal wieder in den Frühjahrsferien hoch zur „Insel Hiddensoe“. Wir hatten schon ein paar Tage auf der Insel verlebt, als eines Morgens folgendes geschah: Zu dem Zimmer, wo mein kleiner Bruder und ich wohnten, führte eine steile Wendeltreppe, und nirgends konnte man sich festhalten, wenn man auf- und abstieg. Meine Eltern hausten über dem Pferdestall, und an dem Morgen (es war, glaube ich, der 13.5.'76), kamen meine Eltern zu uns hoch, um uns zu einer Wanderung am Bessin entlang abzuholen. Als wir Vier den Abstieg begannen, wollte ich die Tür hinter mir zumachen. Ich merkte, daß irgend etwas Widerstand leistete. Ich versuchte es noch einmal mit Gewalt. Plötzlich ließ meine Mutter ein tierisches Gebrüll los. Es waren die Finger meiner Mutti, die den Widerstand leisteten. Wir gingen alle noch einmal hoch in unser Zimmer. Als meine Mutter sich von dem Schreck erholt hatte, ging das Theater zum zweiten Male los. Diesmal war es mein kleiner Bruder, der uns in Aufregung versetzte. Beim schwierigen Abstieg auf der Wendeltreppe verlor er nämlich sein (Gleich-) Gewicht, und in seiner Angst hielt er sich am Fensterbrett, genauer gesagt, an einer Untertasse, auf der ein Blumentopf stand, fest. Was nun folgte, kann man sich leicht denken. Untertasse, Blumentopf und Blume samt Erde flogen in hohem Bogen die Treppe hinunter und zerschellten mit lautem Gepolter. Das war zu viel! Nun mußten wir alles saubermachen und auffegen. Unsere Wanderung führten wir natürlich doch durch – allerdings mit einer Stunde Verspätung. Mein Vati sagte nur dazu: „Natürlich, Freitag der Dreizehnte!“

Versuch einer Erinnerung XII: Im November 1976, ich war zehn Jahre jung und Schüler der Klasse 5c der 20. Polytechnischen Oberschule von Berlin-Friedrichshain mit dem schönen Namen Heinrich Zille, sollten wir einen Aufsatz schreiben, Thema: mein schönstes Ferienerlebnis. Ich beschrieb einen Urlaub Mitte Mai 1976. Vor 45 Jahren wohnten wir – wie so oft in diesen Jahren – bei Uschi und Fritze M. in Grieben. Fritze M. war einer der wenigen Inselkutscher, für seine geliebten Pferde gab es damals einen Stall auf der linken Seite des Hofes. Direkt darüber schliefen zu jener Zeit – in bescheidensten Verhältnissen – meine Eltern; wir Kinder hatten es da schon etwas besser, denn wir durften oberhalb der besagten Wendeltreppe auf der rechten, guten Seite der Anlage wohnen, in einem Dachzimmerchen, welches neben der Stube der Vermieter lag. Für die großen und kleinen Geschäfte gab es ein unbeheiztes Plumpsklo auf dem Hof. Ein Tauchsieder gehörte zur Standard-Ausrüstung, wenn wir uns auf den langen Weg nach Hiddensee machten, auch einen kleinen Heizlüfter erinnere ich, den wir in einer eigenen Tasche mitschleppten. Überhaupt mussten wir fast alles, was wir auf der Insel in unserer Unterkunft benutzen oder essen wollten, aus Berlin mitnehmen. Das war beschwerlich, denn wir mussten den ganzen Kram dann auch noch von der Fähre in Kloster bis nach Grieben schleppen – einen eigenen kleinen Wagen (wie die meisten anderen Hotels und Pensionen) hatte unsere Gastfamilie damals nicht. Nur wenn wir Glück hatten, war Fritze M. mit seinem Fuhrwerk am Hafen, dann konnten wir unser Gepäck mitnehmen lassen. Und dennoch: für uns

Kinder war es die schönste Zeit, wenn wir im Herbst, manchmal zusätzlich auch noch im Frühjahr, im verschlafenen Grieben Urlaub machen konnten. Diese Zeit formte uns, und sie schweißte uns als Familie zusammen. Nie wieder danach hatte es ein so harmonisches, inniges Miteinander gegeben.

***

2020 und dann noch einmal '21, viereinhalb Jahrzehnte später, besuchte ich das Anwesen erneut. Einen Stall gibt es lange schon nicht mehr dort, stattdessen Gästezimmer. Die alten Gast Eltern seien bereits vor einigen Jahren verstorben, erzählten unsere neuen Vermieter aus Kloster. Die Häuser, einst einfach gehalten und weiß gekalkt, sind nun wärmegedämmt und schick cremefarben verputzt, die einfachen Holz-Fenster wurden ersetzt durch Thermoglas in Plasterahmen. Der Hof ist nun ordentlich gepflastert. Gebucht werden die Zimmer unpersönlich per Klick über ein Online-System. Diesen Hof könnte es in dieser Form heute überall an der Küste, sogar auf dem schnöseligen Sylt, geben, er ist austauschbar geworden: fort ist der spezielle, intensive Stallgeruch, der mir für immer in Erinnerung bleiben wird, fort auch der Matsch an den Gummistiefeln, der an den Sohlen klebte, sobald wir einmal über den Hof gelaufen waren. Fort ist das derbe, oft laute und doch so herzliche Platt-Geschnacke der Gasteltern, das Bellen von Nero, des bedauernswerten schwarzen Schäferhundes, wenn dieser wieder einmal angekettet war. Fort, längst nach Rügen übergesiedelt auch mein ehemaliger Spiel Kumpel und Gasteltern-Sohn Thomas, mit dem ich damals um die wenigen Griebschen Häuser und durchs Schilf gezogen war, und dem ich neben einigen bestandenen Abenteuern auch meinen ersten Vollrausch zu verdanken hatte (Apricot Brandy, nie wieder!). Der Zauber dieses Ortes – fortgeweht von der Zeit. Geblieben ist der freie Blick nach hinten raus übers Grundstück – über den sich im Nordostwind leicht wiegenden Schilfsaum des Ufers und den dunklen, ruhigen Bodden auf den strauchigen Bessin. Geblieben ist auch der alte Beton-Plattenweg, wendet man den Schritt von M's Hof Richtung Norden dem Enddorn zu, die Weiden, der Duft, der angenehm würzige, frische Wind. Geblieben ist die Erinnerung. Welch schöne Zeit wir hier verleben durften – was für ein Privileg! Unbeschwert, sorgenfrei. Auf kleinstem Raum zwar, und ohne jeden heute selbstverständlichen Komfort, aber: glückselig. Wir waren uns selbst genug, spielten abends, statt Fernsehen zu schauen (gab es dort nicht) oder ins Handy zu starren (gab es noch nicht) gemeinsam Mensch-Ärgere-Dich-Nicht, MauMau und Skat oder erzählten uns Geschichten. Rückblickend betrachtet, machte einen Teil des Sorglos-Paradiesischen auf Hiddensee – zumindest auch – für uns das Fehlen von unnützem Zeugs, das Nichtvorhandensein von *Dingen*, aus. Wir mussten / wollten / konnten auskommen mit einer Minimalausrüstung. Das war beschwerlich auf der einen- aber auch überaus befreiend auf der anderen Seite. Was würde ich nicht alles darum geben, es noch einmal tun zu können: mit meinen Eltern (und meinem Brüderchen) die alten Wege gehen. Im Vorübergehen die reifen Sanddornbeeren auszutschen. In altbekannte Restaurationen einkehren. Die sanft geschwungenen Hügel zum Leuchtturm emporwandern. Aufs Meer schauen, schweigend. Gemeinsam. Eines habe ich getan, konnte es tun, immerhin, gleich nachdem mir vor Kurzem mein Schulaufsatz von damals (nach -zig Jahren) zufällig wieder in die Hände gefallen war: ich habe mich bei meiner Mutter entschuldigt, dafür, dass ich damals in Grieben auf Hiddensee ihre Finger so bös eingeklemmt hatte, als ich die Tür zu unserem Gäste-Zimmer schließen wollte (alle außer meiner Mutter hatten gelacht, damals). Und: ich habe mich bedankt: dafür, dass sie mit uns Kindern diese Reisen zu diesem ganz besonderen Fleckchen Erde unternommen hat, damals, trotzdem das Geld zu Hause knapp war.

***

Der Ost-Plattenbau meiner Schule, der ehemaligen 20. POS Heinrich Zille, gehört heute zu der direkt davor befindlichen Ellen-Key-Schule, einer öffentlichen Integrierten Sekundarschule mit gymnasialer Oberstufe in der Rüdersdorfer Straße in Berlin-Friedrichshain. Damals, 1976, als ich meinen Aufsatz geschrieben hatte, hieß dieser Schulkomplex noch 5. Polytechnische Oberschule und trug den Namen *Oleg Koschewoi,* eines jungen sowjetischen Partisanen, der einen Aufstand gegen die Wehrmacht in der Stadt Krasnodon geleitet hatte. 1943, mit nur 16 Jahren, war er von den Deutschen dafür hingerichtet worden. Koschewoi kannte im Osten jeder Schüler: er war die Hauptfigur in Alexander Fadejews Roman Die junge Garde, der in der DDR zur Pflichtlektüre gehörte. Gestaltet wurde der bis 1954 errichtete Schulkomplex von Anton Gerber im Stil der sogenannten Architektur der nationalen Traditionen. Nur ein paar Jahre vorher hatte der Zehlendorfer Architekt Gerber an Hermann Görings Carinhall in der Schorfheide mitgewirkt. Heute gilt die neoklassizistische Dreiflügel-Anlage mit Vorplatz, Säulenhallen und Portalbalkon als herausragendes Beispiel der Baukultur in der Frühzeit der DDR und steht unter Denkmalschutz.

***

14
Stillgestanden!
Von Mangelwirtschaft und beknackten Badeanzügen

Nun sitz ich wieder bei dir und mir zu Haus
Und such die Fotos fürs Fotoalbum raus.
Ich im Bikini und ich am FKK,
Ich frech im Mini, Landschaft ist auch da – ja!
Aber, wie schrecklich, die Tränen kullern heiß,
Landschaft und Nina und alles nur schwarzweiß!

(N. Hagen, Du hast den Farbfilm vergessen)

Als ich mit meinen Eltern 1975 das erste Mal Hiddensee besuchte, war der Song Du hast den Farbfilm vergessen gerade ein Jahr alt. Im DDR-Radio wurde er zu dieser Zeit hoch und runter gespielt. Zwar machte ich mir damals nicht viel aus Ost-Musik, hatte das Lied aber doch im Ohr; fast hätte ich es Zeile für Zeile mitträllern können: es schien ein fröhliches Lied zu sein, es gab Klavier-Passagen, und auch ein Saxophon und eine Tuba waren zu hören. Moll- und Dur-Passagen wechseln sich ab, und die Sängerin trägt das Lied mit rotzfrecher Stimme vor. Nina Hagen, auf die ich erst viel später aufmerksam werden sollte, besingt in diesem Stück, das aus einem Intro und zwei Strophen besteht, drei Minuten lang einen Ferienaufenthalt auf Hiddensee mit ihrem Partner Micha. Mein Vater brachte mir schon als Kind die analoge Schwarzweiß-Fotografie nahe; gemeinsam entwickelten wir in der Dunkelkammer erst die Filme, dann die belichteten Fotos. Wie spannend das war, wenn sich aus dem Nichts plötzlich Erkennbares auf dem nassen Papier abzeichnete, beleuchtet nur durch eine kleine Rotlicht Funzel an der Decke! Dann musste vom Entwickler- schnell ins Wasserbad gewechselt werden. Sekunden entschieden über Erfolg oder Mißerfolg der Aktion. Ich war stolzer Besitzer einer Pouva Start, dem Trabi unter den Kameras. Westdeutschland hatte die Agfa Clack, Einstiegsmodell und Alltagsgerät für Tausende Foto-Fans, Ostdeutschland hatte die Kameras der Firma Karl Pouva AG, produziert in Freital bis '73. Auf Hiddensee hatte ich sie oft dabei. Wahrscheinlich habe ich mir wegen dieser frühen Affinität zur Schwarzweiß- Fotografie den Text des *Farbfilm-Songs* bis heute gemerkt: Hagen ist in dem Lied wütend auf Michael, weil der den Urlaub der beiden nur in Schwarz und Weiß fotografieren kann – Michael hatte den Farbfilm vergessen. Auch beim Betrachten des Fotoalbums nach ihrer Rückkehr zeigt sie ihren Ärger und droht Micha, ihn im Wiederholungsfalle zu verlassen.

***

Stillgestanden! / Augen geradeaus! / Das Gewehr über! / Gewehr ab! / Großer Zapfenstreich rührt euch! / Serenade! – Am Abend des 2. Dezember '21 verabschiedet sich die Bundeswehr in Berlin mit einem Großen Zapfenstreich von Angela Merkel. Angetreten wurde traditionell in Großem Dienstanzug mit Mantel und Gefechtshelm. Die scheidende Bundeskanzlerin suchte sich für den Festakt drei Musikstücke aus: sie wählte neben Für mich soll's rote Rosen regnen von Hildegard Knef und Großer Gott, wir loben Dich auch den Titel Du hast den Farbfilm vergessen:

Hoch stand der Sanddorn / am Strand von Hiddensee / Micha, mein Micha, und alles tat so weh / Dass die Kaninchen / scheu schauten aus dem Bau / So laut entlud sich / mein Leid ins Himmelblau.

1974 hatte die damals neunzehnjährige Nina Hagen mit dem Song als Leadsängerin der Band Automobil in der DDR einen

Hit gelandet. Die Punksängerin sei überrascht gewesen von Merkels Musikwunsch, heißt es. Auf ihrer Seite im Internet schreibt sie:

Wahrscheinlich muss man in der DDR geboren sein, um all die Anspielungen und manchmal recht derben Bezüge zu verstehen, die dieses Lied zur heimlichen Nationalhymne einer ganzen Generation machten. Das Lied trieft vor Ironie; es ist Schlager durch Zerstörung von Schlager. Der Farbfilm atmet im Hintergrund das giftige Grau von Bitterfeld und die Tristesse von Leipzig; es spiegelt die Trostlosigkeit der Arbeitswelten zwischen Akkordschraube und Herumlungern an kaputten Maschinen; es spielt im Milieu einer irren Sehnsucht danach, dieser Schwarzweißwelt zu entfliehen, hin zu Orten voll Farbe und Licht. Da sind die kleinen Fluchten in die Natur, ans Meer, an die endlosen Sandstrände der Ostsee – Rügen, Usedom, Hiddensee – Fluchten ins private Glück, in ein bisschen erotische Freiheit, die zum Guckloch des Paradieses werden. Aber das Paradies wird eingeholt von der banalen Alltagserfahrung in einem Staat, der knattrige, stinkende Plastikautos, beknackte Badeanzüge und Jahr für Jahr zu wenig Farbfilme hervorbringt.

***

Verfasst hat den Text der zu Ostzeiten mit zahlreichen Sonderprivilegien ausgestattete Staatsdichter Kurt Demmler, ein später wegen Kindesmissbrauchs verurteilter Straftäter. Das Lied wurde damals von Vielen als eine Anspielung auf die Mangelwirtschaft in der DDR verstanden. Der Text sei ansonsten frei erfunden, Automobil-Keyborder und Komponist von Du hast den Farbfilm vergessen, Michael Heubach (auf den sich der Text bezieht), und Nina Hagen seien nie auf Hiddensee gewesen, heißt es.

***

Statt eines Epilogs

Viele schöne Fleckchen dieser Erde durfte ich in den vergangenen Jahren als Journalist bereisen: ich segelte und tauchte in der Sulu- und in der Lakkadivensee, befuhr mit dem Motorrad den Highway 50, die Route 66 und die Mohave-Wüste, ich segelte auf Rarotonga und den BVI um die Wette, paddelte auf Tahiti, dampferte zu den Tuamotus und wanderte auf Hiva Oa. Ich regattierte in Rangiroa, erkundete den Indik, setzte Segel ab Noumea, durfte Nord- und Südamerika und die karibische Inselwelt kennenlernen und viele interessante Orte in Europa. Welch ein Privileg! Und dennoch beschlich – und beschleicht – mich eine kindliche Freude, eine unbeschreibliche, unvergleichliche Aufgeregtheit einerseits und eine grenzenlose Zufriedenheit, Gelöstheit und Ruhe auf der anderen Seite, jedesmal, wenn vom Stralsunder Dampfer aus endlich, endlich die kleine, flache, unscheinbare Insel westlich von Rügen in Sicht kommt, über der tatsächlich ein eigenartiger Hauch – fast möchte man sagen – ein seltsamer Zauber zu liegen scheint.

***

(Eigentlich hatte ich ja nur ein paar Fakten für einen Beitrag über das mysteriöse Sanddornsterben auf Hiddensee recherchieren wollen, da kamen plötzlich die Erinnerungen an eine schöne, unbeschwerte Kindheit auf der Insel hoch… Sie ließen mich nicht mehr los, ich schloss die Augen und ließ es einfach zu… So fuhr ich 2020 – 45 Jahre nach meinen ersten Besuchen auf der Insel – spontan wieder nach Kloster, 2021 erneut, und auch für dieses Jahr ist schon wieder ein Zimmerchen reserviert… Zwei Generationen nach meinem ersten Hiddensee-Besuch mit den geliebten Eltern und dem Brüderchen schritt ich die Wege von damals noch einmal ab, und ich entdeckte – und entdecke – neue, jedesmal. So entstanden vorliegende 14 kurze, teilweise sehr persönliche Geschichten über die Insel, die meine Seele wusch, sie schrieben sich wie von selbst, sie *wollten*, ja sie *mussten* einfach zu Papier gebracht werden…).

Matt. Müncheberg, Wendenschloß, Winter '22

Der letzte Tag stößt sich vom Ufer ab. Ich gehe den schmalen sandigen Weg hinunter zum Hafen. Die Landschaft liegt in einem grauen, wäßrigen Grün, Nebelfetzen schwimmen durch die Kronen der Kiefern, wenig Wind, die Sonne eine dunkle Scheibe. Ich habe mir Hiddensee auf der Landkarte meines Lebens mit großen Buchstaben eingezeichnet. Nun ist die Zeit, die man mir zugemessen, für immer vorbei. Einige Tage später und auch der Dornbusch ist nur noch Bild am Horizont. … Sonnentau und Sanddornblatt, ich möchte die Augen nicht schließen, diese Insel ist schön (aus Sanddornzeit, H. Cibulka, 15. Oktober).

***

In meiner Geburtsstadt Berlin gibt es zwei Straßen, die nach der kleinen, flachen Ostsee-Insel benannt sind: die Hiddenseer Straße (früher: Hiddensoer Straße) verbindet die B109/Prenzlauer Allee im Stadtbezirk Prenzlauer Berg (10437 B.) mit der Senefelderstraße, nicht weit von der bekannten Kulturbrauerei entfernt, zwischen Helmholtzplatz und Zeiss-Grossplanetarium gelegen. Und es gibt eine *Hiddenseestraße* in Pankow (13189 B.): eher ein Sträßchen, beginnt die an der Kreuzung Granitzstraße, quert die Borkumstraße und endet, mehr Weg denn Straße, schließlich am Insel-Rügen-Weg und Binzstraße.

***

Dank

Liebes gewaschenes Seelchen ist der verliebteste Ausdruck auf Hiddensee – schrieb kein Geringerer als Johann Wolfgang von Goethe, in: Berliner Ausgabe, Kunsttheoretische Schriften und Übersetzungen, Band 18, Berlin 1960 ff., S. 507-511, entnommen aus Maximen und Reflexionen, Edition Holzinger, Berlin 2016. Auch wenn sich Goethes Ausspruch wohl auf die Sauberkeit der Häuser und Katen auf der Insel beziehen dürfte, so haben der tobende Sturm, das rauschende Meer und die zwitschernden Lerchen überm Dornbusch uns Hiddensee-Besuchern im Laufe der Zeit doch auch ordentlich die Seelen gewaschen und gereinigt. Von einem eigenartigen Hauch / einem seltsamen Zauber, der über dem Inselchen liege, schrieb vor mehr als 90 Jahren schon Otto Dankwardt in Alexander Ettenburg – Der Einsiedler von Hiddensee, Vossische Buchdruckerei, Stralsund 1929. Darin nennt der Einsiedler, der eigentlich Alexander Eggers hieß, Hiddensee auch das Helgoland der Ostsee. Kummst du to mi, Kummst du to di (Kommst du zu mir, kommst du zu dir) ist ein schöner Hussprök (Hausspruch) von Nikolaus Niemeier, gefunden in De Sternseier, Walter Kroß Verlag, Bergen auf Rügen 1925. Die kursiv gesetzten Gedicht-Zeilen zu Beginn jeder Geschichte (außer: Stillgestanden!) streute Joachim Ringelnatz ein. Um 1930 herum besuchte der Dichter, der eigentlich Hans Bötticher hieß, mehrfach Hiddensee. Ein längerer Aufenthalt wurde ihm und seiner Frau Muschelkalk in dieser Zeit durch die Schauspielerin Asta Nielsen ermöglicht. Sie beherbergte die beiden in ihrem kleinen Karusel-Häuschen in Vitte. Wir entnahmen die Fragmente dem Büchlein Mit Ringelnatz ans Meer aus dem Jan Thorbecke-Verlag der Schwabenverlag AG, Ostfildern 2017, gekauft im Sommer 2021 in der Inselbuchhandlung von Andreas Arendt in Kloster, und aus Hafenkneipe, Philipp Reclam Jun., Leipzig 1977. Die Fotos auf den Umschlag-Innenseiten dieses Büchleins stammen von meiner Mutter Karin M. und meinem Vater Joachim

M., sie zeigen unsere Familie glücklich in Grieben/Hiddensee im Jahr 1975. Die Abbildung auf Seite 6 zeigt eines der Vogelkopf-Hängekreuze des sogenannten Hiddenseer Goldschmucks, fotografiert im Heimatmuseum in Kloster; das Original befindet sich in der archäologischen Sammlung des Stralsund Museums. Das Vorwort lieferte mein lieber Freund Thomas Kunst, den ich auf Zeesen-Eckis Boot (bei unserem in diesem Buch beschriebenen Törn zum Libben) kennenlernte. Thomas teilt nicht nur meine Verbundenheit zur Insel Hiddensee, wir teilen auch unseren sich frappierend ähnelnden DDR-Lebenslauf: Schule, Abitur, achtzehnmonatiger Grundwehrdienst bei der Nationalen Volksarmee, vorzeitig beendetes Studium in Leipzig (er: Lehramt Deutsch/Musik, ich: Lehramt Deutsch/Kunsterziehung), danach: Jobs, bei denen wir dennoch mit Sprache unser täglich Brot verdienen (er: als Schriftsteller (2021: Shortlist des Deutschen Buchpreises), ich: als Journalist, Redakteur eines Yachtmagazins. Infos über Helgoland entnahmen wir dem Werk Hochseefestung Helgoland, Teil II, von Claude Fröhle und Hans-Jürgen Kühn. Wiki half mit Fakten über die Geschichte Hiddensees, das BMHW, Oleg Koschewoi, die Lietzenburg und die Vogelwarte aus. Dem Spiegel-Bericht Surfer im Todesstreifen von Anja Reumschüssel vom 20.10.2014 entnahmen wir die Umstände der Flucht der Freunde Klünder und Deckert auf Surfbrettern von Hiddensee nach Dänemark im November 1986. Jesper Clemmensen lieferte in seinem Artikel Fluchtroute Ostsee, Die Flucht nach Dänemark (veröffentlicht auf der Seite des dänischen Goethe-Instituts, September 2014) Fakten und Zahlen zur Flucht von DDR-Bürgern über die Ostsee. Unda Hörner gab Stichworte zu Max Taut in Die Architekten Bruno und Max Taut: Zwei Brüder – zwei Lebenswege, Gebr. Mann Verlag, Berlin 2012, aufschlußreich waren auch die Hausbiographien auf Hiddensee – Zwischen regionalem Bauen und Moderne, ein Forschungsprojekt mit Studierenden an der BTU Cottbus 2002. Von strohgedeckten Fischerhäusern in Vitte schrieb Asta Nielsen in Die schweigende Muse, Henschel-Verlag, Berlin 1977. Informa-

tionen zu den DDR-Grenztruppen auf dem Dornbusch lieferte die gruselige Seite ddr-grenztruppen.de – 32 Jahre später. Das Zitat auf Seite 37 stammt aus Kruso von Lutz Seiler, Suhrkamp Verlag, Berlin 2015 (Asche auf mein Haupt: ich lieh mir das Buch im Sommer '21 aus der kleinen Gästebibliothek des Wiesenecks aus – aber nur bis zum nächsten Insel-Besuch '22, versprochen! Außerdem ließ ich ja auch ein anderes Hiddensee-Buch da). Mit im Gepäck hatte ich bei meinen Wanderungen über die Insel auch Hanns Cibulkas Tagebuch-Notizen Sanddornzeit (Mitteldeutscher Verlag, Halle 1971), von denen einige kurze Passagen den Weg in vorliegendes Bändchen fanden. Infos zur Vogelwarte auf Hiddensee fand ich bei Ulrich Köppen in seinem Aufsatz Sieben Jahrzehnte Vogelwarte Hiddensee – Ein Rückblick, aus: Benke, H. (Hrsg.), Die Vogelwelt der Insel Hiddensee, Meer und Museum, Sonderband 21, 2008. Erhellendes über den Hobby-Ornithologen Manfred „Freddy" W. lasen wir in Die Stasi-Überprüfung der Anwälte war ein Placebo – Warum in Brandenburg mehr belastete Rechtsanwälte zugelassen wurden als anderswo, Potsdamer Neueste Nachrichten, 20.2.2012. Das Buch Mühlen und Müller in Berlin von Heinrich Herzberg und Hans-Joachim Rieseberg, VEB Verlag für Bauwesen, Berlin 1987, belegte die Forschung meines Onkels Wolfgang M. über meinen Ur-Ur-Ur-Ur-Ur-Ur-(6x) Großvater und Mühlenbescheider Christoph M. In Arved Jürgensohns Hiddensee – das Capri von Pommern, Karl Haertel Verlag Kloster/Liegnitz 1924, fanden wir Erhellendes über die Mühle in Kloster und über Chilenen im Vitter Krug. Schautafeln des Inselmuseums und Thomas Försters Buch Schiffswracks – Auf Spurensuche vor Rügen und Hiddensee, Hinstorff-Verlag, Rostock 2016, lieferten Hinweise zu Insel-Strandungen. Arnold Gustavs berichtet in Die Insel Hiddensee, Carl-Hinstorff-Verlag, Rostock 1956, über die verheerende Sturmflut von 1872 und über das Eisenbeton-Korsett des Leuchtfeuers auf dem Dornbusch. Mein geschätzter Kollege Uwe Janßen verfasste die Meldung Schwer verletzt – Einhandsegler strandet bei Hiddensee, in: yacht.de vom

9.7.2020. Die Zeile Der Erfinder des Schiffs ist der Erfinder des Schiffbruchs stammt aus Ode nach Horaz II/13 von Karl Mickel, in: Gedichte 1957-1974, Mitteldeutscher Verlag, Halle 1990. Die Sage vom Toten Kerl erzählt Hans Findeisen in: Sagen und Hiddenseer Lokalschwänke, aus: Hiddensee, Ein Lesebuch, Hrsg. Renate Seydel, Ullstein, Frankfurt/Main / Berlin 1992. hiddenseeservice.de informierte uns über Preise und Ausstattung eines Gästezimmers auf der Lietzenburg in Kloster. Die große Halle, das Kaminzimmer der Villa, beschreibt Max Kruse in Die versunkene Zeit, Deutsche Verlagsanstalt, Stuttgart 1983. Dass Nina Hagen keinen Farbfilm auf Hiddensee vergessen haben kann, da sie ja nie selbst dort war, schreibt ihr damaliger Freund Micha (Michael Heubach), in: Ich bin Ninas Farbfilm-Micha, superillu.de, 28.9.'06. Hagens Sicht der Dinge auf den Farbfilm schildert die Sängerin auf ihrer FB-Seite, Stand 3.12.'21. Wolfgang Mattheuers Gemälde Hiddensee von 1955 diente als Grundlage für das Cover dieses Büchleins, der Abdruck erfolgte mit freundlicher Erlaubnis der Galerie Schwind. Mattheuer, dessen Gemälde früher den Palast der Republik schmückten und heute im Reichstag hängen, schuf das Landschaftsbild im Alter von 28 Jahren, da war der im Vogtland geborene Künstler nach Lithografenlehre, Kriegseinsatz und -gefangenschaft, Besuch von Kunstgewerbeschule und Hochschule für Grafik und Buchkunst sowie anschließender Tätigkeit als Grafiker gerade Assistent an besagter Hochschule in Leipzig, an der er später eine Professur innehaben sollte. Neben Bernhard Heisig und Werner Tübke gilt Mattheuer (gestorben 2004) heute als ein Hauptvertreter der sogenannten Leipziger Schule, die sich früh abwandte von der Lehre des sozialistischen Realismus.

Glossar

Freibord – An der Bordwand ermitteltes Abstands-Maß zwischen Oberdeck und Wasserfläche. Der geringste Freibord liegt bei Booten mit einem normalen Sprung meist auf halber Bootslänge. Ein Seekreuzer ist nur mit einem ausreichenden Freibord wirklich seetüchtig.

Galeaß (Galeasse) – ab Mitte des 18. Jahrhunderts ein zweimastiges Handels- oder Frachtschiff mit hohem Vormast, welches vornehmlich auf Ost- und Nordsee eingesetzt wurde. Über die Ursprünge ist nichts sicher bekannt. Fahrzeuge mit einer Galeaß-Takelung wurden ab Mitte des 18. Jahrhunderts erwähnt, um 1800 wurden erste Risse mit der Bezeichnung Pommersche Galeaß bekannt.

Galioten – seegehende, flachbodige Rundgatt-Schiffe. Dieser Schiffstyp – eine Weiterentwicklung der Fleute – wurde ursprünglich im 17. Jahrhundert in den Niederlanden entwickelt. Er wurde in der Küsten-Schifffahrt und in der Nord- und Ostsee eingesetzt. Aufgrund des geringen Tiefgangs war dieser Schiffstyp in Pommern sehr beliebt. Ähnliche Typen waren Smakken und Kuffen.

Hosenboje – Die Hosenboje besteht aus einem Rettungsring mit angenähter Hose. Sie soll das Retten Schiffbrüchiger über eine Leinenverbindung zwischen zwei Schiffen oder zwischen einer Küste und einem Schiff ermöglichen. Dabei wird die Hosenboje wie eine Schwebebahn an einem Seil hin und her gefahren. Wer bis jetzt noch nicht seekrank war, wird es spätestens jetzt. Siehe auch: Raketenapparat

Kalfatern – Beim traditionellen Holz-Bootsbau: Tätigkeit zum Abdichten der Nähte in den hölzernen Gängen der Außenhaut und des Decks. Mit einem Kalfat-Eisen wurde geteertes Werg eingeschlagen; bei großen Öffnungen noch zusätzlich verpicht, also mit Pech ausgegossen. Heute gibt es dafür Sikaflex.

Knýtlinga saga – (urspr. Ævi Danakonunga oder Sögur Danakonunga) ist die Sage über König Knut den Großen und seine Nachkommen. Sie wurde um 1260 in Island geschrieben und handelt von den dänischen Herrschern von Harald I. von Dänemark (10. Jahrhundert) bis 1187. Es schließt an die Heimskringla (den Weltkreis) an, das mittelalterliche Werk des Snorri Sturlusons über die norwegischen Könige.

Land kaufen – umgangssprachlich für Aufsitzen oder Auflaufen, meint: mit einem Boot auf Grund laufen oder auf einer Untiefe festkommen. Beim Auflaufen auf einem Strand besteht die Gefahr der Strandung, insbesondere bei Leegerwall*.

Leegerwall – (lee shore) Die nahe Küste in Lee, oder: eine gefährliche Lee-Küste. Gerät ein Segelboot bei auflandigem Wind auf L. zu nahe an eine Sandbank oder flache Stelle, und kann man sich nicht mehr freikreuzen, dann besteht die Gefahr einer Strandung.

Manby Mörser – siehe Raketenapparat.

Raketenapparat – Gerät, das bei der Rettung Schiffbrüchiger zum Einsatz kommt. Mit der kleinen Rakete (oder einem kleinen Geschütz, dem Manby Mörser*) wird zunächst ein dünnes Seil zum havarierten Schiff geschossen. Anschließend wird daran von der Besatzung des Havaristen ein Jolltau zum Schiff gezogen und dort möglichst hoch befestigt. Mit Hilfe des Jolltaus zieht nun die Rettungsmannschaft das eigentliche Rettungsseil zum Schiff. Dieses wird dort oberhalb des Blocks des Jolltaus fest gemacht. Nun kommt die Hosenboje* im Pendelverkehr zwischen Land und Havaristen zum Einsatz.

Rossitten – eigentlich Rybatschi (russisch Рыбачий, von Rybak = Fischer; prußisch Rosit; deutsch Rossitten; littauisch Rasytė), ein Ort mit rund 800 Einwohnern auf der Kurischen Nehrung im ehemaligen Ostpreußen im russischen Oblast Kaliningrad im Rajon Selenogradsk, unweit der Grenze zu Litauen. Bis 1945 hatte Rossitten eine deutsche Bevölkerung. Der Ort war neben seiner Segelflieger-Schule besonders bekannt durch die Vogelwarte Rossitten.

Saxo – geboren um das Jahr 1160, gestorben nach 1216, war ein dänischer Geschichtsschreiber und Geistlicher. Wegen seines im Hochmittelalter nicht mehr üblichen geschliffenen Lateins erhielt er den in der Jütland-Chronik aus der Mitte des 14. Jahrhunderts bezeugten Beinamen Grammaticus. Der Inselname Hiddensee taucht erstmals als Heðinsey in der Prosa-Edda auf – und als Hithinsö in den Gesta Danorum des Saxo Grammaticus. Beides bedeutet übrigens so viel wie Insel des Hedin, oder griffiger: Hedinsinsel, benannt nach dem legendären Norwegerkönig Hedin, der hier um eine Frau oder auch nur um Gold (oder um beides) gekämpft haben soll

Schlup (Slup) – ein vergleichsweise kleines Wasserfahrzeug unter Segeln. Je nach historischer Epoche können kleine Frachter, Marinefahrzeuge oder Sportboote gemeint sein. Eine moderne Slup ist ein Segelboot mit einem Mast, einem Großsegel und einem Vorsegel (Sluptakelung). Früher wurde der Begriff allgemein für kleinere Wasserfahrzeuge verwendet.

Sozialistischer Realismus/Bitterfelder Weg – (kurz auch Soz-Realismus genannt) war eine ideologisch begründete Stilrichtung der Kunst des 20. Jahrhunderts mit dem Versuch starker Wirklichkeitsnähe und dem Fehlen von Abstraktion und Äs thetisierung. Dargestellt wurden Themen aus dem Arbeitsleben und der Technik des sozialistischen Alltags, etwa optimistisch nach vorn blickende Arbeiter eines Kolchos auf einem Traktor. Gemäß der von Walter Ulbricht ausgegebenen Direktive: Greif zur Feder, Kumpel, die sozialistische deutsche Nationalkultur braucht dich! sollte der sogenannte Bitterfelder Weg in der DDR eine neue programmatische Entwicklung der sozialistischen Kulturpolitik einläuten und den Weg zu einer eigenständigen sozialistischen Nationalkultur weisen.

Versaufloch – Umgangssprachlich nannte man Welldecks Versaufloch (auch: Brunnendeck, Tiefdeck oder gesenktes Deck, von englisch well für Brunnen). Ein Welldeck/Versaufloch ist auf Schiffen mit verschieden hohen (oben offenen) Decks der tiefste Bereich zwischen davor und dahinter liegenden höheren Decks. Die Bezeichnung leitet sich davon ab, dass überkommendes Wasser von den höheren Bereichen wie in einen Brunnenschacht abfließt. Klar, dass dieses Deck besonders oft unter Wasser steht, so manches Mal auch regelrecht absäuft.

Warmband – ist ein Zwischenprodukt der Stahl- und Nichteisen-Metallerzeugung. Es ist sehr viel länger als breit und wird aufgerollt in Bunden transportiert, sogenannten Coils. Es wird durch Warmwalzen hergestellt. Das Warmband ist das Vormaterial für Kaltband. Das Vormaterial des Warmbandes sind gegossene oder vorgewalzte Brammen.

Witwenmacher – Viele sogenannte widowmaker gibt es an Bord von Traditionsseglern, hier ist gemeint: das Netz unter dem Klüverbaum, auf dem sich nach vorn hangeln muss, wer den Klüver setzen will. Der Klüverbaum ist eine über den Vorsteven hinausragende, feste Spiere. Die hat ihre Unterlage zumeist auf einem Bugspriet und verlängert diesen.

Tom F. Hagen
Gauguins Hund
Kreuzfahrt nach Hiva Oa
TODOMEEDITION

Matt. Müncheberg

DAS POLYGON

Die Wüste in uns

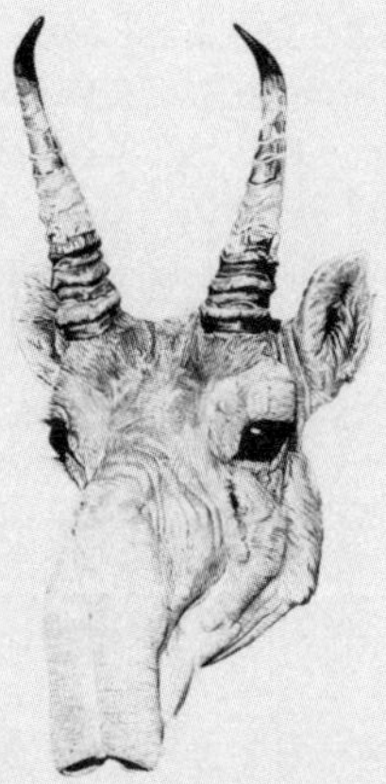

todome

Erscheint demnächst im Mari Team-Verlag:

Matt. Müncheberg
Das Polygon – Die Wüste in uns

„Ende der achtziger Jahre gab es in Kasachstan ein rätselhaftes Massensterben der Saiga-Antilopen. Als Todesursache wurde hämorrhagische Septikämie festgestellt, Auslöser sei das Bakterium Pasteurella multocida gewesen, heißt es. Die Forscher berichteten, dass die Keime das plötzliche Massensterben jedoch nur teilweise erklären könnten; krank machten die Erreger nur bei einem geschwächten Immunsystem. Es hätten noch andere schwerwiegende Faktoren zu den gefundenen Bakterien dazugekommen sein müssen. Fest stehe, dass man es mit keiner normalen Seuche zu tun habe. Die Situation sei beängstigend." (aus dem Prolog).

Autor Matt. Müncheberg, geboren 1966 in Berlin-Friedrichshain, leistete noch kurz vor dem Mauerfall seinen Grundwehrdienst als Kraftfahrer einer Motorisierten Schützen-Einheit bei der Nationalen Volksarmee in Schwerin, Stern-Buchholz, ab. Weil beim benachbarten Flugabwehr-Raketenregiment ein Lkw ausgefallen war, fuhr er als Ersatz mit seinem Ello, huckepack auf einem Güterzug, zu einer Truppenübung ins 3.000 Kilometer entfernte russische Ashuluk an der Grenze zu Kasachstan. Die knapp zweiwöchige, abenteuerliche Zugfahrt bis nach Ashuluk, genannt das Polygon, und das dortige Gefechtsschießen dienen dabei mehr als 35 Jahre später als Vorlage für den fiktiven Öko-Thriller.

Novelle, 144 Seiten, Taschenbuch
todome-Edition des mari-team-verlag, Berlin
todome@web.de
erscheint 2023

ANZEIGE

HOTEL HITTHIM

2021 feierte unser Hotel sein 111-jähriges Jubiläum

Unser „Hotel Hitthim“ befindet sich unmittelbar am Hafen von Kloster mit wunderbarer Aussicht auf den Bodden und die Hügellandschaft. Das 1997 liebevoll restaurierte, historische Fachwerkhaus auf dem Grundstück des alten Zisterzienserklosters wurde 1907 erbaut.

Das Hotel verfügt über 25 stilvoll eingerichtete Zimmer sowie über Ferienwohnungen, die sich auf dem Hotelgelände befinden. Das große Speiserestaurant mit gemütlicher Gaststube und Veranda mit Blick auf den Bodden bietet regionale und inseltypische Gerichte für jeden Geschmack an.

Hotel Hitthim
Hafenweg 8
18565 Kloster/Hiddensee
Tel. 038300/666 0
Fax: 038300/666 18
hitthim@hitthim.de
www.hitthim.de